Introdução à filosofia antiga

SÉRIE ESTUDOS DE FILOSOFIA

Introdução à filosofia antiga

2ª edição

Antonio Djalma Braga Junior

Luís Fernando Lopes

inter saberes

Rua Clara Vendramin, 58 . Mossunguê
CEP 81200-170 . Curitiba . PR . Brasil
Fone: (41) 2106-4170
www.intersaberes.com
editora@intersaberes.com

Conselho editorial
Dr. Alexandre Coutinho Pagliarini
Drª Elena Godoy
Dr. Neri dos Santos
Mª Maria Lúcia Prado Sabatella

Editora-chefe
Lindsay Azambuja

Gerente editorial
Ariadne Nunes Wenger

Assistente editorial
Daniela Viroli Pereira Pinto

Edição de texto
Monique Francis Fagundes Gonçalves

Capa
Denis Kaio Tanaami (*design*)
Sílvio Gabriel Spannenberg (adaptação)
Everett Collection/Shutterstock (imagem)

Projeto gráfico
Bruno Palma e Silva

Diagramação
Querido Design

Iconografia
Regina Claudia Cruz Prestes
Sandra Lopis da Silveira

Dados Internacionais de Catalogação na Publicação (CIP)
(Câmara Brasileira do Livro, SP, Brasil)

Braga Junior, Antonio Djalma
    Introdução à filosofia antiga / Antonio Djalma Braga Junior, Luís Fernando Lopes. -- 2. ed. -- Curitiba, PR : InterSaberes, 2024. -- (Série estudos em filosofia)

    Bibliografia.
    ISBN 978-85-227-1392-9

    1. Filosofia antiga I. Lopes, Luís Fernando. II. Título. III. Série.

24-200335   CDD-180

Índice para catálogo sistemático:
1. Filosofia antiga   180

Cibele Maria Dias – Bibliotecária – CRB-8/9427

1ª edição, 2015.
2ª edição, 2024.

Foi feito o depósito legal.

Informamos que é de inteira responsabilidade dos autores a emissão de conceitos.

Nenhuma parte desta publicação poderá ser reproduzida por qualquer meio ou forma sem a prévia autorização da Editora InterSaberes.

A violação dos direitos autorais é crime estabelecido na Lei n. 9.610/1998 e punido pelo art. 184 do Código Penal.

sumário

agradecimentos, xi
dedicatória, xiii
prefácio, xv
apresentação, xix
organização didático-pedagógica, xxiii

O surgimento da filosofia, 28
    1.1 Grécia Antiga e a gênese do pensamento filosófico, 30
    1.2 Condições históricas que tornaram possível o nascimento da filosofia, 39
    1.3 Mito e filosofia, 46
    1.4 O "milagre grego", 53

Períodos da filosofia antiga, 64
2.1 Período cosmológico, 66
2.2 Período antropológico, 69
2.3 Período sistemático, 71
2.4 Período helênico, 74

Os primeiros filósofos, ou filósofos da physis (natureza), 82
3.1 Escolas filosóficas antigas, 84

Sócrates e os sofistas, 122
4.1 Os sofistas e a preocupação com o homem, 124
4.2 Sócrates, 128

Platão e a primazia do ideal, 146
5.1 Platão, 148
5.2 O Mito da Caverna e a teoria das ideias, 152
5.3 A teoria política de Platão, 159

Aristóteles e a sistematização do conhecimento, 170
6.1 Aristóteles, o grande sistematizador do conhecimento antigo, 172
6.2 Aristóteles *versus* Platão, 175
6.3 A filosofia de Aristóteles, 178

Escolas filosóficas helenistas, 192
    7.1 O cinismo, 195
    7.2 O epicurismo, 200
    7.3 O estoicismo, 206

considerações finais, 219
referências, 221
bibliografia comentada, 225
respostas, 227
sobre os autores, 237

Os grandes gênios são incompreensíveis e realmente imprevisíveis para os homens comuns. Se, apesar disso, impõe-se pouco a pouco uma correta estima por eles, foram os espíritos afins que o reconheceram.

Friedrich W. Nietzsche (2005, p. 4)

agradecimentos

G ostaríamos de agradecer a Deus pela sabedoria e pela inteligência que nos foram dadas e sem as quais nada teríamos conquistado em nossas vidas e carreiras profissionais. Gostaríamos de agradecer a todos que contribuíram de maneira direta e indireta para a realização deste livro, desde as pessoas que fizeram parte da nossa formação acadêmica até os nossos amigos de caminhada nesta árdua – mas desafiadora – profissão de professor, que tivemos a oportunidade de conhecer nas mais variadas instituições em que trabalhamos e que nos instigaram a cada vez mais nos aprofundar nos temas que envolvem este livro. Sem essas pessoas, tal obra não seria possível ou certamente seria fruto de uma pesquisa sem a experiência viva que nossa prática pôde proporcionar e que, de certa forma, tentamos materializar nas poucas palavras desta obra.

Gostaríamos de agradecer também aos nossos familiares que souberam nos ajudar, cada qual ao seu modo, com o que precisávamos para perseverarmos em meio às tensões dos estudos e da escrita.

dedicatória

edicamos esta *obra* a todos os nossos alunos, ex-alunos e a você, caro leitor, para quem esta obra se destina.

prefácio

Escrever *uma obra* de introdução à filosofia não é tarefa das mais simples. O trabalho de conceber, pensar e escrever pressupõe, desde o início, uma exigência que se impõe ao autor: selecionar (ἐκλογαί), escolher (λέγω) temas e pensadores (os eleitos – ἐνκριθέντες) que, de um modo ou outro, estão inscritos na história do pensamento filosófico. Talvez seja por isso que os autores deste livro decidiram – acertadamente – iniciar pela apresentação do terreno histórico que constituiu o lugar de nascimento da razão: a *pólis* grega.

Poderíamos chamar tal escolha de uma estratégia bem-sucedida, na medida em que permite ao leitor acompanhar de perto os passos marcantes dos temas e problemas que foram (e ainda são) objeto de exame filosófico. Pensado desse modo, a filosofia tem um passado e uma data de nascimento, e as questões formuladas na Antiguidade grega reaparecem a todo momento e se tornam, ainda hoje, alvo de reformulações, indagações, inquietações e críticas.

O entrelaçamento entre filosofia e história tem, desde o início, contornos importantes. Nota-se uma preocupação constante de Antonio Djalma Braga Junior e de Luís Fernando Lopes em situar o leitor (histórica e geograficamente), o que não é exercício de mero didatismo, mas de atenção ao apontar um caminho que parece ter tido êxito no decurso do tempo. Filosofar é um exercício que se realiza *na* história e um diálogo *com* a história. Uma vez que esteja bem assentada essa questão, a atividade reflexiva pode alçar novos voos e provocar discussões para além da história e contra a história. De todo modo, o domínio da prática filosófica se conquista pela busca dos problemas e das questões que desde o início do pensamento filosófico inquietaram os primeiros pensadores – e que ainda inquietam. Pensar nesse estilo é buscar a compreensão do que já foi pensado, examinado, investigado, debatido. Pensar é partir de pressupostos.

É nesse sentido que esta obra, aqui apresentada, tem sua virtude essencial. Desde o início procura manter com o leitor um diálogo que leva, passo a passo, ao centro da reflexão filosófica. Podemos dizer que pratica, ao estilo aristotélico, a atividade de caminhar com o leitor-aluno. Outro caráter importante e indispensável diz respeito ao atento cuidado com que as ideias analisadas são tratadas: os autores remetem, sempre

xvi

que possível, aos textos filosóficos que permitirão uma compreensão detalhada do tema investigado. É sempre aconselhável que o leitor possa entrar em contato com as obras; e isso é proporcionado neste livro. A obra auxilia, ademais, a construir caminhos que permitem ao leitor se inteirar e participar dos debates filosóficos, tomando parte e, ao mesmo tempo, propondo questionamentos, reflexões e examinando atentamente as teses apresentadas. O livro de Antonio Djalma Braga Junior e Luís Fernando Lopes introduz, dessa maneira, de modo competente e com clareza, ao estudo da filosofia antiga.

Prof. Dr. Mauro Cardoso Simões
Universidade Estadual de Campinas

xvii

apresentação

presente obra tem como objetivo realizar uma iniciação à história da filosofia antiga por meio de uma análise introdutória dos principais pressupostos teóricos desenvolvidos pelos mais importantes pensadores da Antiguidade, que vai desde o nascimento da filosofia – na passagem dos séculos VI a.C. e V a.C. – até o período conhecido como *helenismo*.

Todos aqueles que se propõem a escrever sobre o que foi produzido na Antiguidade se deparam com imensas dificuldades e desafios, desde a falta de escritos que possam atestar a veracidade e a autoria até interpretações pessoais permeadas pelas experiências (positivas e negativas) que ofuscam os fatos ou nem sempre permitem conhecermos o que realmente aconteceu. Esses problemas de ordem prática foram superados por alguns autores de renome na atualidade, cujas obras procuramos utilizar como referências para fundamentar nossa pesquisa e garantir a qualidade que almejamos para este livro.

Desse modo, caro leitor, preparamos este livro para você com uma estrutura que julgamos adequada para cumprirmos, de maneira didática, esse objetivo de iniciação à filosofia antiga. Veremos que a filosofia surgiu na Grécia Antiga, no fim daquilo que ficou conhecido como *Período Arcaico*, e que teve seu auge na Época Clássica, quando a democracia foi instaurada e foi possível observar um grande florescimento cultural e social nas principais cidades gregas, com destaque para a cidade de Atenas.

Assim, no primeiro capítulo, vamos mostrar as principais características que permeavam a cultura grega antes do nascimento da filosofia e quais foram as condições históricas que possibilitaram a ruptura com um tipo de conhecimento fortemente influenciado pelos mitos, sobretudo a partir das teogonias e cosmogonias, que pouco a pouco foram substituídas pelas cosmologias dos primeiros filósofos. No segundo capítulo, propomo-nos a analisar os diversos períodos da filosofia antiga, procurando demonstrar de maneira didática quais foram as principais preocupações dos filósofos em cada um destes períodos.

No terceiro capítulo, começamos nossa incursão pelo pensamento dos primeiros filósofos, também chamados de filósofos da *physis*, ou, ainda, os chamados *filósofos pré-socráticos*, os quais procuraram substituir, pouco a pouco, a forma grega de pensar, superando as narrativas míticas por narrativas e explicações com fundamento racional por meio das primeiras cosmologias.

Faremos, no quarto capítulo, uma análise do pensamento filosófico no Período Clássico da Grécia Antiga, quando a democracia foi instaurada e alguns personagens começaram a ganhar destaque. Esses indivíduos, chamados de *sofistas*, procuravam ganhar a vida ensinando as pessoas a se prepararem para realizar os discursos que iriam convencer a população nas assembleias e, consequentemente, a votar a favor de leis que garantissem seus interesses pessoais. Todavia, surgiu nessa época um personagem que iria combater essa prática dos sofistas: ele se chamava Sócrates – considerado um verdadeiro divisor de águas do pensamento ocidental e, principalmente, da filosofia antiga, abandonando as preocupações cosmológicas dos primeiros filósofos para buscar entender a essência do homem e se preocupar com um estudo antropológico.

Vamos analisar a produção filosófica do discípulo predileto de Sócrates, chamado Platão, no quinto capítulo. Procuraremos nos deter em suas principais teorias filosóficas, as quais podem ser compreendidas à luz do seu famoso Mito da Caverna. Baseando-se na narrativa desse mito, analisaremos a teoria das ideias, a teoria do governante filósofo (teoria política) e inúmeros outros conceitos que foram trabalhados nos diálogos de Platão.

Daremos continuidade, no sexto capítulo, às análises de algumas célebres teorias filosóficas da Antiguidade, passando pelo pensamento de Aristóteles, um dos principais discípulos de Platão e principal sistematizador dos conhecimentos que foram desenvolvidos até então nos períodos cosmológico pré-socrático e antropológico socrático. Veremos que Aristóteles dividiu os conhecimentos em algumas grandes áreas e elaborou diversas teorias que são consideradas os alicerces do pensamento ocidental, ao lado dos estudos de Platão.

xxi

No sétimo e último capítulo vamos percorrer, em nossa análise, o pensamento das escolas filosóficas que surgiram no período do helenismo, as quais, em suas preocupações teóricas, formularam diversos conceitos e teorias sobre a vida ética e a política, fundamentados em um ideal cosmopolita. Apresentaremos alguns autores que representam algumas escolas que surgiram nesse período: os cínicos, os epicuristas e os estoicos.

Diante desse panorama, cremos que você conseguirá ter uma ideia geral das principais preocupações filosóficas no período antigo e, principalmente, do legado que esses filósofos nos deixaram e que perduram até os dias atuais. Esperamos que goste da leitura e faça um bom uso deste livro para seus estudos de filosofia antiga, procurando, na medida do possível, complementar suas análises lendo as obras e fragmentos originais dos próprios filósofos e realizar suas próprias interpretações sobre os assuntos que foram discutidos durante esse período no campo da ética, da política, da teoria do conhecimento, da metafísica, entre outras áreas do saber.

organização
didático-pedagógica

Esta seção tem a finalidade de apresentar os recursos de aprendizagem utilizados no decorrer da obra, de modo a evidenciar os aspectos didático-pedagógicos que nortearam o planejamento do material e como o aluno/leitor pode tirar o melhor proveito dos conteúdos para seu aprendizado.

Introdução do capítulo

Logo na abertura do capítulo, você é informado a respeito dos conteúdos que serão abordados, bem como dos objetivos que os autores pretendem alcançar.

Síntese

Você conta, nesta seção, com um recurso que o instigará a fazer uma reflexão sobre os conteúdos estudados, de modo a contribuir para que as conclusões a que você chegou sejam reafirmadas ou redefinidas.

Indicações culturais

Ao final do capítulo, os autores oferecem algumas indicações de livros, filmes ou sites que podem ajudá-lo a refletir sobre os conteúdos estudados e permitir o aprofundamento em seu processo de aprendizagem.

Atividades de autoavaliação

Com estas questões objetivas, você tem a oportunidade de verificar o grau de assimilação dos conceitos examinados, motivando-se a progredir em seus estudos e a se preparar para outras atividades avaliativas.

Atividades de aprendizagem

Aqui você dispõe de questões cujo objetivo é levá-lo a analisar criticamente determinado assunto e aproximar conhecimentos teóricos e práticos.

Bibliografia comentada

Nesta seção, você encontra comentários acerca de algumas obras de referência para o estudo dos temas examinados.

1
O surgimento da filosofia

*E*ste primeiro capítulo tem como objetivo situá-lo no contexto do surgimento da filosofia na Grécia Antiga, abordando as principais transformações históricas que tornaram possível aos gregos a passagem de um tipo de pensamento com características míticas para um pensamento racional-filosófico, evento que caracterizou o nascimento da filosofia. Nessa tarefa de contextualização, procuraremos destacar alguns aspectos da cultura grega que foram determinantes para essas mudanças ocorridas no período clássico. Até meados do século XX, essas transformações foram associadas a um tipo de milagre que ocorreu com os gregos, o chamado milagre grego. Assim, estudaremos as características desse acontecimento e, principalmente, as novas formas de entendê-lo, à luz de uma concepção filosófica própria que procura analisar outras nuanças não abordadas pelos estudiosos dessa teoria do "milagre".

Além disso, demonstraremos algumas formas didáticas de estudar a filosofia antiga, com suas subdivisões e peculiaridades, desde o período no qual a preocupação dos primeiros filósofos era tentar responder aos anseios existenciais que perpassavam seus conterrâneos – por exemplo, como surgiu o universo (cosmos) e de que ele é feito (período chamado *cosmológico*) – até o fim do período helênico, após a difusão da cultura grega com Alexandre da Macedônia (também chamado por alguns historiadores de "O Grande").

1.1
Grécia Antiga e a gênese do pensamento filosófico

A *filosofia é* grega, e ela tem uma data de nascimento mais ou menos precisa. Porém, antes de analisarmos o pensamento filosófico antigo propriamente dito, vamos procurar entender como viviam os gregos e quais eram as características que permeavam o pensamento desse povo tão brilhante para, em seguida, entendermos quais transformações intelectuais ocorreram e para qual fim elas levaram.

O surgimento da filosofia é um acontecimento único, sem precedentes na história e que marcou de maneira profunda o pensamento ocidental. Os gregos, com seu gênio magnífico e original, revolucionaram a forma de os seres humanos pensarem, livrando-se gradativamente das suas relações com os mitos, ou apenas ressignificando-os de uma maneira, diríamos, mais racional.

Quando analisamos o contexto histórico de um povo como os gregos, na Antiguidade, temos de levar em conta alguns aspectos importantes, principalmente no que se refere ao modo como a Grécia se reconhecia como tal, à fragmentação territorial pela qual a nação estava submetida e à importância de sua língua para fins de identidade da população e de unificação das diversas *poleis* (cidades-Estados). Respeitando esses aspectos históricos, precisamos nos conscientizar de que a nossa cultura atual – e a sociedade ocidental como um todo – têm raízes gregas. No entanto, analisar esses aspectos históricos e filosóficos requer de nós o cuidado de não incorrermos em um anacronismo, pois analisaremos diversos aspectos valorativos que são diferentes do nosso sistema de valor atual ou até mesmo contraditórios a ele. Por isso,

> Precisamos nos conscientizar de que a nossa cultura atual – e a sociedade ocidental como um todo – têm raízes gregas.

precisamos olhar para essa cultura com uma sincera alteridade; do contrário, corremos o risco de nos deixarmos levar por preconceitos que nos impedem de ampliar nossa compreensão sobre o que foi produzido nesse período tão importante da humanidade.

Para facilitar nossa incursão pela filosofia antiga, vamos trabalhar com algumas datações históricas que foram convencionadas para os estudos sobre esse período. Embora seja apenas uma forma convencional, cabe destacarmos que existem outras tantas que alimentam as discussões entre os historiadores na atualidade, mas que, no momento, não cabe a nós detalhar aqui. Feita essa ressalva, vamos estudar a Grécia Antiga e o surgimento do pensamento filosófico, compreendendo que a Grécia passa por quatro grandes períodos:

1. Período Homérico – séculos XI-VIII a.C.;
2. Período da Grécia Arcaica – séculos VIII-V a.C.;
3. Período Clássico – séculos V-IV a.C.;
4. Período Helenístico – séculos IV-II a.C.

Essa subdivisão nos ajudará a compreender os processos históricos e as estruturas políticas, econômicas, culturais e sociais que perpassaram cada período da história da Grécia. Ademais – e principalmente –, auxiliará em nosso objetivo de verificar os fatores que prepararam o nascimento do pensamento filosófico e da atitude científica, caracterizados pela busca do princípio das coisas e dos fenômenos, formulando respostas não mais baseadas na mera aparência, nas narrativas míticas ou em superstições.

O primeiro período da história da Grécia Antiga é chamado de **Período Homérico** graças ao surgimento da escrita grega (do alfabeto grego) na época do poeta grego Homero, que fundou a língua grega escrevendo dois poemas épicos que se tornariam as primeiras fontes literárias gregas e do Ocidente como um todo: a *Ilíada* e a *Odisseia*. Esse poeta teria vivido na Jônia (atual Turquia) por volta do ano 800 a.C. e 700 a.C. O Período Homérico também coincide com a chamada *Primeira Diáspora Grega*, período caracterizado pelas invasões de povos dórios, que motivaram um grande deslocamento de grupos de pessoas da Grécia Continental para a Ásia Menor e as ilhas do Mar Egeu. Observe no mapa a seguir (Figura 1.1) o fluxo das invasões desses povos.

Figura 1.1 – Rotas de penetração dos povos indo-europeus

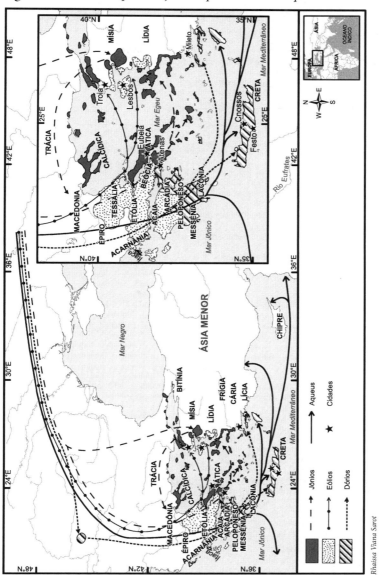

Fonte: Elaborado com base em Anglo Vestibulares, 2013.

Embora não tenhamos grandes quantidades de fontes históricas referentes a esse período, as obras de Homero são, de fato, fontes riquíssimas que nos auxiliam nessa tentativa de compreender algumas características fundamentais do tempo em que o poeta supostamente viveu. Nessas obras, conhecemos os grandes feitos de Ulisses, Aquiles, Penélope, Helena, Agamenon, Menelau, entre outros personagens que os gregos nos legaram até os dias atuais. Tais personagens participaram daquilo que Homero chamou de "a famosa Guerra de Troia", uma guerra entre troianos e gregos, estes motivados pela vingança do rapto de Helena – esposa de Menelau, rei da Lacedemônia (Esparta) –, por parte de Páris, irmão do lendário Heitor e filho mais novo de Príamo, rei de Troia. Embora por longos séculos essa guerra tenha sido considerada apenas uma narrativa mítica dos poemas de Homero, algumas escavações arqueológicas realizadas na Turquia, no final do século XIX, lideradas por Heinrich Schliemann, registram evidências significativas de Troia e dessa épica guerra (Wood, 1985, p. 15).

Mito ou não, essas fontes históricas de Homero nos ajudam a compreender algumas características importantes do pensamento grego do Período Homérico até o século VIII a.C.: o povo grego ainda não tinha uma identidade formada, a não ser pelo fato de utilizarem o mesmo idioma (o grego) e de apresentarem influências de povos dórios, jônios, eólios e aqueus (os povos indo-europeus). A miscigenação desses povos levou a algumas transformações interessantes que nos servem de base para uma análise do período, compreendendo-o como uma época caracterizada por uma organização em torno de uma sociedade rural e autossuficiente, denominada *genos* – decorrendo daí o termo *comunidade gentílica*. Conforme nos mostra Claudio Vicentino (2014, p. 123, grifo do original), "nos *genos*, os bens econômicos, como terras, animais, sementes e instrumentos de trabalho, estavam sob o controle do chefe comunitário, chamado *pater*, que exercia funções religiosas, administrativas e judiciárias".

Essa comunidade gentílica entrou em um gradativo colapso em virtude de diversos fatores, tais como: pobreza do solo, o que dificultava a manutenção de sua principal forma de subsistência (a agricultura); disputas pelas terras férteis entre agrupamentos humanos distintos, ou diversos *genos*; surgimentos de grupos sociais diferentes, como os proprietários, os não proprietários e os comerciantes. Esses aspectos fizeram com que os mais poderosos de cada *genos* buscassem a união para estabelecer um poder controlador e forte (Vicentino, 2014, p. 123).

O segundo período da história da Grécia Antiga, denominado **Período Arcaico** (do século VIII ao século V a.C.), resulta dessas transformações ocorridas no Período Homérico: a permanente escassez de terras férteis para a subsistência dos povos que se formaram na região da Ásia Menor e nas ilhas do Mar Egeu, com a invasão dos povos indo-europeus, fez com que os gregos procurassem se expandir geograficamente, buscando outras áreas para sua sobrevivência. Com efeito, os gregos estabeleceram diversas *poleis* (cidades-Estados) em toda a região da Península Itálica e na ilha da Sicília, conforme podemos observar na Figura 1.2.

Figura 1.2 – Expansão grega

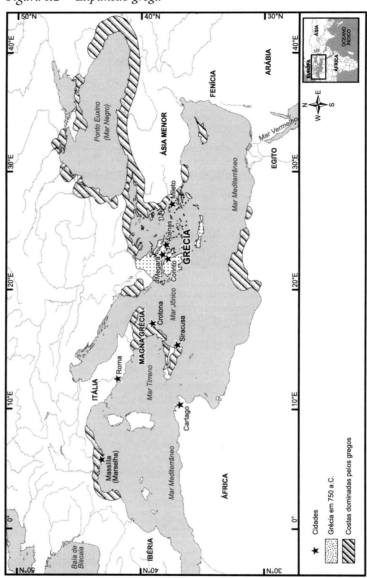

Fonte: Elaborado com base em COC Educação, 2015.

Essa expansão do povo grego, conhecida também como *Segunda Diáspora Grega*, marca o início do período arcaico. Como características principais desse momento histórico podemos citar a consolidação das *poleis* gregas (as cidades-Estados), tendo como ponto geográfico central a acrópole, que é o local mais elevado da cidade e em torno do qual toda a vida urbana se concentra, conforme podemos perceber na figura a seguir.

Essa estrutura social fez com que algumas dessas cidades-Estados ganhassem destaque, como Atenas, Tebas, Esparta, Corinto, Samos, Mileto, Éfeso, Eleia, entre outras. Veremos a seguir que muitos desses nomes de *pólis* se tornaram sobrenomes de personagens fundamentais da filosofia antiga: é o caso de Tales de Mileto, que leva em seu próprio nome o seu local de origem, a cidade de Mileto; Pitágoras de Samos; Parmênides de Eleia; Heráclito de Éfeso, entre outros. A principal preocupação desses personagens era a busca por um princípio originador de tudo o que existe no cosmos, tendo se tornado famosos por apresentarem uma primeira tentativa de explicação da questão cosmológica sem recorrer aos mitos ou às superstições.

Suas escolas ficavam situadas nas principais *poleis* gregas, centros comerciais e culturais construídos sob a égide dos ideais de cidadania e participação nos deveres e direitos que essa cidadania envolve. Certamente, essas urbes nasceram a partir da crise das sociedades gentílicas, configurando uma nova forma de vida em comunidade para seus habitantes.

O Período Arcaico também é marcado por algumas reformas políticas dignas de nota, as quais se devem aos seus legisladores. É aqui que nomes como Sólon e Drácon despontaram no cenário político e causaram uma profunda transformação social e política na Grécia Antiga. Não cabe a nós, nesse momento, explicitar os pormenores dos aspectos históricos – deixemos essa tarefa para os historiadores. Cabe apenas ressaltarmos que o Período Arcaico, com todas essas e outras particularidades, gradativamente preparou o terreno para o florescimento do pensamento científico e filosófico.

É por volta do século V a.c. que o Período Arcaico cede espaço para o que conhecemos como **Período Clássico** da Grécia. Esse momento histórico é caracterizado por uma maior circulação das ideias em razão do grande avanço do comércio, fazendo de Atenas um centro de atração mundial da época. É nessa cidade que os chamados *sofistas* apareceram e, juntamente com eles – ou melhor, *contra* eles –, pensadores como Sócrates, Platão e Aristóteles, autores fundamentais que estudaremos nos próximos capítulos.

Enquanto para os pensadores que surgiram no Período Arcaico (também chamados de *pré-socráticos*) a preocupação era com o *cosmos*, os filósofos do Período Clássico dirigiam suas teorias ao *antropos*, isto é, para o homem. Por conta disso, iremos analisar, em breve, alguns diálogos entre Sócrates e os sofistas acerca de alguns temas bem humanos, como justiça, virtude, belo, bom, entre outros assuntos. É nesse período que temos um maior florescimento e uma maior sistematização do conhecimento filosófico.

Após esse tipo de conhecimento ser consolidado e estruturado no Período Clássico – juntamente com todos os outros aspectos culturais gregos, como as artes, as ciências, a matemática, a medicina, e principalmente devido à conquista da Grécia por parte dos macedônios, inicialmente com o Rei Filipe II e, após sua morte, com o governo de Alexandre da Macedônia – temos transformações sociais, econômicas e políticas que influenciaram fortemente a filosofia. Com os macedônios no comando, a Grécia viu sua cultura ser levada a todos os povos conhecidos da época, marcando um novo período da história conhecido como **Período Helênico,** no qual aqui surgiam outras escolas filosóficas (que servirão de base para nossos estudos sobre filosofia antiga) chamadas *estoicismo, epicurismo, cinismo* e *ceticismo.* Com a morte de Alexandre da Macedônia e o posterior crescimento do Império Romano, podemos verificar a influência dessas escolas helenísticas em grandes personagens, como Sêneca e Marco Aurélio, pensadores romanos, que realizaram grandes feitos e escreveram obras dignas de nossa análise em nossos estudos de filosofia antiga.

Feitos esses recortes cronológicos da história da Grécia Antiga – que têm como objetivo nos ajudar a situar o contexto do surgimento da filosofia –, passamos agora ao nosso próximo tópico: vamos demonstrar que algumas transformações históricas ao longo desses períodos foram decisivas para a constituição do pensamento filosófico.

1.2
Condições históricas que tornaram possível o nascimento da filosofia

Durante todos os períodos históricos pelos quais a Grécia Antiga passou, diversas transformações ocorreram nos níveis sociais, políticos, econômicos e culturais dessa nação. Neste ponto do texto, vamos explicitar algumas dessas modificações, de modo especial aquelas que tiveram um impacto significativo e, de certa forma, anteciparam e prepararam as condições para que a filosofia pudesse germinar e dar seus frutos.

Seguiremos aqui com uma classificação facilmente encontrada nos diversos manuais de filosofia e que busca reconstruir conceitual e historicamente seu nascimento. A abordagem contará com a estrutura utilizada por Marilena Chaui em sua obra *Convite à filosofia* (2000) – que se transformou, ao longo das últimas décadas, em um referencial muito utilizado nos estudos introdutórios do pensamento filosófico no Brasil – e também com o primeiro volume da *História da filosofia*, de

Giovanni Reale e Dario Antiseri (2003). Desse modo, para fins didáticos, dividiremos o tema em alguns subitens que nos ajudarão a alcançar nosso objetivo.

1.2.1 As grandes viagens marítimas gregas

Com o surgimento da filosofia, os gregos contribuíram excepcionalmente para a civilização ocidental. Todavia, muitas das ideias que os gregos formularam de maneira filosófica são encontradas também no pensamento oriental antigo. Após as famosas Guerras Médicas*, Atenas provou sua superioridade marítima, desfrutando dos benefícios culturais e econômicos que os mares lhes proporcionaram. Graças a essa hegemonia, os gregos empreenderam **viagens marítimas** que tornaram possível o contato com outros povos, incluindo os orientais – diversos culturalmente, detentores de conhecimentos, religiosidades e explicações míticas distintas da visão de mundo grega. Esse contato com outras populações influenciou a formação do povo grego em diversos aspectos (Chaui, 2000, p. 28-29). A partir do contato com a civilização egípcia, os gregos ampliaram seus conhecimentos sobre matemática e geometria. Do contato com a civilização babilônica, ampliaram seus conhecimentos de astronomia. A influência dessas civilizações instigaram os filósofos das colônias menores da Grécia, como Mileto, Jônia, Eleia e Samos, entre outras, a aprofundar e aprimorar ainda mais os conhecimentos desses povos (Reale; Antiseri, 2003, p. 6).

Além dessas características, as viagens marítimas serviram como uma espécie de desmistificação de uma série de crenças e superstições que os mitos transmitiam aos povos gregos (Chaui, 2000, p. 36).

---

* Diversos conflitos entre gregos e os povos medo-persas, que ocorreram por volta do século V a.C.

A mitologia grega exercia uma forte influência na educação desse povo, transmitindo ideias de que nos mares existiam monstros gigantes (como o tão temido Leviatã), sereias e outras criaturas que faziam mal aos seres humanos. Além disso, eram propagadas concepções de que nas terras do além-mar não habitavam seres humanos, mas, sim, outras criaturas mitológicas abomináveis, como os ciclopes. A partir do momento em que empreenderam suas grandes viagens marítimas rumo ao Oriente, os gregos puderam comprovar que tais monstros não existiam e que as terras ultramarinas eram, sim, habitadas por outros seres humanos. É certo que esses seres humanos eram diferentes, pois tinham costumes, crenças e valores distintos dos gregos, mas estavam longe de serem confundidos com os monstros que a mitologia grega pregava.

> Os gregos empreenderam viagens que tornaram possível o contato com outros povos, incluindo os povos orientais – diversos culturalmente, possuidores de conhecimentos, religiosidades e explicações míticas distintas da visão de mundo grega. Esse contato com outras populações influenciou a formação do povo grego em diversos aspectos.

O contato com essas culturas diferentes e a consequente desmistificação das narrativas mitológicas fez com que o povo grego desenvolvesse um maior senso crítico e, sobretudo, fez com que eles não aceitassem mais a mitologia grega como fonte da verdade, passando a questioná-la e a exigir explicações baseadas em elementos racionais, lógicos e científicos. Justamente por esses fatores é que as grandes viagens marítimas empreendidas pelos gregos na Antiguidade foram fundamentais para o surgimento da filosofia.

1.2.2 O surgimento da moeda

O surgimento da **moeda** na Grécia Antiga também representa um fator determinante para a formação do pensamento filosófico. Sabemos que a origem desse meio de troca está diretamente relacionado ao florescimento das relações comerciais que se estabeleceram entre as diversas civilizações antigas, substituindo gradativamente as trocas comerciais baseadas no escambo. Cunhadas em pedaços de metais talhados pelo governo com símbolos para representar uma quantia de valor convencionado pela comunidade, a moeda tinha como função principal agilizar e facilitar os processos e as transações comerciais.

Em conjunto com as outras características históricas que analisamos neste capítulo, o aparecimento e a consequente incorporação da moeda pelos gregos permitiu a eles o desenvolvimento de uma capacidade de abstração mental e lógica nunca vista antes. Essa capacidade é uma característica iminente da filosofia, que trabalha com conceitos abstratos e lógicos. O fato de os gregos estarem cotidianamente utilizando moedas, realizando cálculos, comparações e juízos de valores sobre os produtos de trocas comerciais fez com que ampliassem sua capacidade racional, abrindo espaços para o surgimento de um tipo de conhecimento diferente para responder aos seus anseios existenciais (Chaui, 2000, p. 36). Esse evento fez com que os gregos não aceitassem nada que não pudesse ser calculado, comparado, julgado.

1.2.3 A invenção do alfabeto grego

A criação de um **alfabeto** que tinha como objetivo a unificação dos diversos dialetos falados nas regiões da Grécia Antiga permitiu aos gregos o desenvolvimento da capacidade de abstração e generalização por meio de signos e símbolos linguísticos.

O surgimento do alfabeto grego proporcionou maior clareza na descrição de ideias e conceitos abstratos e maior precisão nas narrativas histórico-míticas. A linguagem escrita possibilitou a descrição não somente dos fatos, ou a representação das coisas; além de todas essas vantagens, permitiu que os indivíduos elaborassem definições acerca das ideias que estão por trás das coisas, das ideias que estão na base dos acontecimentos históricos (Chaui, 2000, p. 36).

1.2.4 A invenção do calendário

Na mesma lógica de análise do surgimento da moeda e do alfabeto, a invenção do **calendário** permitiu o desenvolvimento das capacidades de abstração e generalização por meio da compreensão das noções de tempo. Elaborando uma mensuração de anos, meses, semanas, dias e horas, o homem grego conseguiu plena organização e agilidade na manutenção das suas necessidades básicas de sobrevivência, procurando mapear as principais épocas de chuva, calor, frio e estiagem, de modo que o agricultor poderia calcular o melhor período para plantar ou colher seus alimentos.

Tal invenção não somente fez com que a qualidade de vida dos gregos melhorasse por meio da aquisição de alimentos, deixando-os com mais tempo ocioso para pensar em questões mais abstratas, mas também os ajudou a desmistificar os fenômenos naturais que, até então, eram associados às figuras mitológicas. Diante disso, podemos dizer que a invenção do calendário tornou "natural" aquilo que era visto como sobrenatural e divino; tornou controlável um poder incompreensível e que fugia ao controle dos seres humanos. Essas características representam uma preparação para o desenvolvimento do pensamento filosófico durante esse período na Grécia Antiga (Chaui, 2000, p. 35).

1.2.5 A invenção da vida urbana e da política

Entre todas as riquezas culturais que os gregos nos legaram, sem dúvida nenhuma a **invenção da política** é uma das mais importantes para a sociedade ocidental. A política surgiu em um contexto de ampliação e estruturação da **vida urbana,** fazendo com que as cidades se organizassem de maneira a alcançar uma funcionalidade prática baseada em ideais inéditos.

Com o florescimento do comércio e do artesanato, os gregos se depararam com a necessidade de desenvolver técnicas de fabricação de produtos e estratégias de troca e venda que tornassem os processos comerciais da época mais ágeis e eficientes. Esse fator foi determinante para a diminuição do prestígio das famílias que pertenciam à aristocracia grega e elevou o poder econômico da classe dos comerciantes.

> A aglomeração nos centros urbanos exigiu do povo grego a criação de formas de organização social por meio da política, de modo que a nova classe detentora de poderio econômico – os comerciantes – pudesse também participar das decisões políticas.

A ascensão social de uma classe de comerciantes suplantou o poderio da elite aristocrática grega, fazendo com que essa parcela da sociedade desenvolvesse estratégias de distinção e prestígio social por intermédio das artes. Essa aristocracia passou, então, a estimular, incentivar e patrocinar o desenvolvimento às artes, às técnicas e aos conhecimentos da época, preparando, assim, o terreno para o surgimento da filosofia. Além disso, essa aglomeração nos centros urbanos exigiu do povo grego a criação de formas de organização social por meio da política, de modo que a nova classe detentora de poderio econômico – os comerciantes – pudesse também participar das decisões políticas, não mais ficando restritas apenas às grandes famílias proprietárias de terras.

Essa organização política traz alguns aspectos interessantes a serem analisados sob a ótica do surgimento da filosofia. Chaui (2000) destaca esses aspectos da seguinte maneira:

1. *A ideia da lei como expressão da vontade de uma coletividade humana que decide por si mesma o que é melhor para si e como ela definirá suas relações internas. O aspecto legislado e regulado da cidade – da* PÓLIS *– servirá de modelo para a Filosofia propor o aspecto legislado, regulado e ordenado do mundo como um mundo racional.*

2. *O surgimento de um espaço público, que faz aparecer um novo tipo de palavra ou de discurso, diferente daquele que era proferido pelo mito. Neste, um poeta vidente, que recebia das deusas ligadas à memória (a deusa Mnemosyne, mãe das Musas, que guiavam o poeta) uma iluminação misteriosa ou uma revelação sobrenatural, diziam aos homens quais eram as decisões dos deuses que eles deveriam obedecer. Agora, com a* PÓLIS, *isto é, a cidade política, surge a palavra como direito de cada cidadão de emitir em público sua opinião, discuti-la com os outros, persuadi-los a tomar uma decisão proposta por ele, de tal modo que surge o discurso político como a palavra humana compartilhada, como diálogo, discussão e deliberação humana, isto é, como decisão racional e exposição dos motivos ou das razões para fazer ou não fazer alguma coisa. A política, valorizando o humano, o pensamento, a discussão, a persuasão e a decisão racional, valorizou o pensamento racional e criou condições para que surgisse o discurso ou a palavra filosófica.*

3. *A política estimula um pensamento e um discurso que não procuram ser formulados por seitas secretas dos iniciados em mistérios sagrados, mas que procuram, ao contrário, ser públicos, ensinados, transmitidos, comunicados e discutidos. A ideia de um pensamento que todos podem compreender e discutir, que todos podem comunicar e transmitir, é fundamental para a Filosofia.* (Chaui, 2000, p. 36-37, grifo do original)

Essas três ideias levantadas por Marilena Chaui nos ajudam a compreender como o surgimento da política está diretamente relacionado ao surgimento da filosofia, principalmente pelo fato de a política exigir do cidadão grego o desenvolvimento da prática do debate nos espaços públicos e a articulação de discursos que todos pudessem compreender, não somente os iniciados aos mistérios das divindades e musas. Um discurso claro, livre de contradições e elementos fantasiosos, característicos do discurso mítico; um discurso baseado na razão e na lógica.

Sem dúvida nenhuma, não fossem esses fatos históricos, a filosofia não teria surgido nesse período e nessa região. Isso prova que a filosofia não se origina do nada, mas surge como uma reação a uma série de fatores e acontecimentos históricos que, de certa forma, foram fundamentais para o princípio desse tipo de conhecimento.

Pudemos perceber, ao longo dessas linhas, que essas transformações fizeram com que os gregos se afastassem do pensamento mítico e aderissem ao pensamento racional filosófico. Vamos ver, em nosso próximo tópico, quais são as características e a relação entre esses dois tipos de conhecimento que se tornaram presentes no cotidiano dos cidadãos das *poleis* da Grécia Antiga.

1.3
Mito e filosofia

É quase impossível falarmos em Grécia Antiga e não pensarmos em seus famosos mitos: os deuses Zeus, Posêidon, Hades, Apolo, Dionísio, Atenas, Afrodite, Hermes, Cronos, Gaia, Ares, Eros; os heróis Aquiles, Hércules, Teseu, Agamenon, Perseu, Édipo; os monstros mitológicos como o Minotauro, a Medusa, o Leviatã, o Pégaso, a Hidra, a Esfinge, a Quimera, as Fúrias, o Centauro, o Ciclope, as Ninfas.

Esses personagens mitológicos são conhecidos por nós, na atualidade, em grande parte graças à literatura e, recentemente, pelos filmes produzidos por Hollywood, como *Percy Jackson*, *Fúria de Titãs*, *Imortais*, *Hércules*, *Troia*, entre tantos outros. Todas essas produções têm em comum o fato de seus enredos trazerem elementos da mitologia grega, contribuindo para a caracterização atual do imaginário grego em torno dessas figuras mitológicas.

Por que o povo grego gostava tanto de mitos? Qual era o objetivo desses mitos? Que função eles cumpriam na formação do povo grego? São perguntas como essas que discutiremos neste tópico. O principal objetivo é demonstrar quais são as relações, diferenças e semelhanças entre o pensamento mítico e aquele que surgiu na Grécia Antiga, o qual revolucionou o modo de pensar dos povos ocidentais e o pensamento racional-filosófico.

Começamos, então, por tentar compreender o conceito de *mito*. Marilena Chaui nos apresenta a seguinte definição:

> *Um mito é uma narrativa sobre a origem de alguma coisa (origem dos astros, da Terra, dos homens, das plantas, dos animais, do fogo, da água, dos ventos, do bem e do mal, da saúde e da doença, da morte, dos instrumentos de trabalho, das raças, das guerras, do poder etc.). A palavra* MITO *vem do grego,* MYTHOS, *e deriva de dois verbos: do verbo* MYTHEYO *(contar, narrar, falar alguma coisa para outros) e do verbo* MYTHEO *(conversar, contar, anunciar, nomear, designar). Para os gregos, mito é um discurso pronunciado ou proferido para ouvintes que recebem como verdadeira a narrativa, porque confiam naquele que narra; é uma narrativa feita em público, baseada, portanto, na autoridade e confiabilidade da pessoa do narrador. E essa autoridade vem do fato de que ele ou testemunhou diretamente o que está narrando ou recebeu a narrativa de quem testemunhou os acontecimentos narrados.* (Chaui, 2000, p. 32, grifo do original)

Essa definição esclarece algumas características fundamentais desse conceito de *mito* para os gregos, sobretudo o fato de ele ser considerado uma narrativa sobre a origem das coisas e por ser um discurso pronunciado por uma autoridade que, supostamente, presenciou o que está narrando. Aranha e Martins (2005, p. 124) acrescentam outros elementos, afirmando que "o mito [...] é uma forma de o ser humano se situar no mundo, isto é, de encontrar o seu lugar entre os demais seres da natureza". Essa definição do termo nos dá uma ideia do motivo para os gregos se servirem de diversos mitos em seu tempo. Embora a definição de Aranha e Martins (2005) diga respeito, inicialmente, às sociedades tribais, ela serve de arcabouço teórico para analisar a tentativa dos gregos de se situar diante do ambiente natural que eles habitavam. É por esse fato que algumas figuras mitológicas são associadas aos elementos da natureza: quando chovia e surgiam os raios, os gregos associavam esses fenômenos à fúria de Zeus; quando o mar estava revolto, associavam a agitação marítima a uma ação direta de Posêidon contra os seres humanos que navegavam pelos mares.

Aranha e Martins (2005, p. 125) continuam a explicação sobre o que é o mito, apontando para o fato de que esse tipo de conhecimento "é um modo ingênuo, fantasioso, anterior a toda reflexão e não crítico de estabelecer algumas verdades que não só explicam parte dos fenômenos naturais, ou mesmo a construção cultural, mas que dão, também, as diretrizes da ação humana". Esse é mais um fator importante a ser considerado no mundo grego: eles serviam para dizer o que os seres humanos deviam ou não fazer. Embora não siga uma ordem lógica, racional ou científica, os mitos na Grécia Antiga eram considerados – ao menos, até o surgimento da filosofia – uma verdade intuída pelos poetas e sacerdotes dos templos dedicados aos deuses, uma verdade que não precisava de provas empíricas para ser acolhida pelo povo.

> Este é mais um fator importante a ser considerado no mundo grego: os mitos servem para dizer o que os seres humanos devem ou não fazer.

Aqui surge uma ideia interessante que você levar em consideração sempre que for examinar essas narrativas: os mitos podem ter várias explicações do mesmo fato, e o nosso objetivo, como estudiosos do pensamento mítico, não é o de se preocupar em estabelecer uma crítica buscando qual dessas narrativas é autêntica e quais narrativas não são, mas, ao contrário, é analisar o conjunto dessas versões para compreender os anseios dos povos em seu contexto histórico, procurando determinar quais eram os desejos, os medos e as inseguranças daqueles que tomavam como verdades tais narrativas.

Segundo Aranha e Martins (2005, p. 125):

O ser humano, à mercê das forças naturais, que são assustadoras, passa a emprestar-lhes qualidades emocionais. As coisas não são mais matéria morta nem são independentes do sujeito que as percebe. Ao contrário, estão sempre impregnadas de qualidades e são boas ou más, amigas ou inimigas, familiares ou sobrenaturais, fascinantes e atraentes ou ameaçadoras e repelentes. Por isso, o ser humano se move dentro de um mundo animado por forças que ele precisa agradar para que haja caça abundante, para que a terra seja fértil, para que a tribo ou o grupo seja protegido, para que as crianças nasçam e os mortos possam ir em paz.

Essas características dos mitos, de impregnar a natureza de qualidades emocionais, nos permite compreender como o pensamento mítico está ligado aos anseios e aos desejos dos seres humanos, projetando nas narrativas míticas o que gostariam que acontecesse. Essa dinâmica abriu espaço para a criação de rituais como uma estratégia para que os deuses realizassem seus desejos: "o ritual é o mito tornado ação" (Aranha; Martins, 2005, p. 125). Com a função de acalmar o espírito dos homens e tranquilizá-los diante de um mundo assustador, cheio de pestes e doenças, catástrofes naturais e guerras, o mito, caracterizado por ações fantasiosas e mágicas, assegurava que o que acontecia na natureza dependia das ações ritualísticas: uma vez cumprido o ritual de maneira correta, as bênçãos dos deuses cairiam sobre eles; uma vez descumpridas tais ações, coisas ruins aconteceriam em forma de castigo pela desobediência.

Vejamos um exemplo de como isso acontece nas narrativas míticas relacionadas ao **Minotauro**. A mitologia nos mostra que Minos, filho do rei cretense Astérion e irmão de Sarpédon e Radamanto, clamou para si o direito de ser o sucessor de seu pai no governo de Creta. Como argumento, falou aos irmãos que essa era a vontade dos deuses, conforme se segue na passagem da obra de Junito de Souza Brandão intitulada *Mitologia grega* (1996, p. 61-62, grifo do original):

Minos alegou que, de direito, Creta lhe pertencia por vontade dos deuses e, para prová-lo, afirmou que estes lhe concederiam o que bem desejasse. Um dia, quando sacrificava a Posídon, solicitou ao deus que fizesse sair um touro do mar, prometendo que lhe sacrificaria, em seguida, o animal. O deus atendeu-lhe o pedido, o que valeu ao rei o poder, sem mais contestação por parte de Sarpédon e Radamanto. Minos, no entanto, dada a beleza extraordinária da rês e desejando conservar-lhe a raça, enviou-a para junto de seu rebanho, não cumprindo o prometido a Posídon. O deus, irritado, enfureceu o animal, o mesmo que Héracles matou mais tarde (ou foi Teseu?) a pedido do próprio Minos ou por ordem de Euristeu. A ira divina, todavia, não parou aí, como se verá. Minos se casou com Pasífae, filha do deus Hélio, o Sol, da qual teve vários filhos, entre os quais se destacam Glauco, ANDROGEU, Fedra e ARIADNE. Para vingar-se mais ainda do rei perjuro, Posídon fez que a esposa de Minos concebesse uma paixão fatal e irresistível pelo touro. Sem saber como entregar-se ao animal, Pasífae recorreu às artes de Dédalo, que fabricou uma novilha de bronze tão perfeita que conseguiu enganar o animal. Pasífae colocou-se dentro do simulacro e concebeu do touro um ser monstruoso, metade homem, metade touro, o MINOTAURO.

Perceba, caro leitor, que o fato de Minos não realizar o ritual de sacrifício do touro entregue por Posêidon para demonstrar que os deuses estavam com o pretenso rei fez com que recebesse um castigo terrível: sua mulher concebeu um filho que era metade homem, metade touro. A história segue seu curso com a ordem de Minos a Dédalo para construir um labirinto e aprisionar a fera dentro, fazendo com que, de tempos em tempos, a fera fosse alimentada com carne humana em forma de tributo ao Rei Minos, até que Teseu libertasse o povo desse tributo matando o Minotauro com a ajuda da filha do rei, Ariadne.

Cabe destacarmos aqui que essa é uma característica de toda mitologia: acreditar que suas ações mágicas, por meio de rituais e sacrifícios, determinam o que acontece ou não na vida dos seres humanos. O ritual se transforma em uma espécie de barganha com os deuses, que, aceitando os sacrifícios, abençoam os homens. É nesse sentido que Aranha e Martins (2005) definem a função de ritual e de mito:

> O ritual é a repetição dos atos executados pelos deuses no início dos tempos e que devem ser imitados e repetidos para que as forças do bem e do mal sejam mantidas sob controle. Desse modo, o ritual "atualiza", isto é, TORNA ATUAL O ACONTECIMENTO SAGRADO QUE TEVE LUGAR NO PASSADO MÍTICO.
>
> O mito é UMA PRIMEIRA FALA SOBRE O MUNDO, uma primeira atribuição de sentido ao mundo, sobre a qual a afetividade e a imaginação exercem grande papel e cuja função principal não é explicar a realidade, mas acomodar o ser humano ao mundo. (Aranha; Martins, 2005, p. 125, grifo do original)

Diante disso, podemos afirmar, por um lado, que os mitos têm uma função de representar essa primeira tentativa de atribuir sentido à realidade, procurando – por meio de rituais que atualizam os mistérios sagrados narrados pelos mitos – fazer com que os gregos conseguissem conviver em um mundo caótico, de incertezas e falta de conhecimento sobre a natureza. Por outro lado, esses mitos apresentam um caráter moralizante, que dita o que os homens devem ou não fazer com base em preceitos morais predeterminados nas narrações míticas.

Que lições morais os gregos tiravam do mito do Minotauro? Ora, uma delas poderia ser o fato de mostrar que não se deve trapacear ou desobedecer aos deuses. A pena para essa infração seria um castigo difícil de suportar.

A crença nos mitos e nessas características dogmáticas que permeiam esse tipo de pensamento começou a ser questionada no período clássico da Grécia, com o surgimento de alguns personagens e de algumas condições histórias que foram fundamentais para o surgimento da filosofia. Nessa época da história grega, influenciada pelas transformações socioculturais, econômicas e políticas, surgiram os primeiros filósofos que, com seu jeito de olhar para a sociedade de seu tempo, procuraram elaborar uma nova forma de compreender a realidade, buscando questionar e substituir o discurso com pretensão de verdade dos mitos por um discurso fundamentado na razão e na lógica. Os gregos passaram a não se satisfazer mais com os argumentos que os mitos traziam e procuraram novas alternativas de respostas para seus anseios.

Quais são as diferenças que podemos elencar entre o pensamento mítico e o pensamento filosófico que surgiu nesse período? Marilena Chaui (2000) nos apresenta pelo menos três das diferenças mais importantes entre esses dois tipos de conhecimento da seguinte maneira:

1. *O mito pretendia narrar como as coisas eram ou tinham sido no passado imemorial, longínquo e fabuloso, voltando-se para o que era antes que tudo existisse tal como existe no presente. A Filosofia, ao contrário, se preocupa em explicar como e por que, no passado, no presente e no futuro (isto é, na totalidade do tempo), as coisas são como são.*

2. *O mito narrava a origem através de genealogias e rivalidades ou alianças entre forças divinas sobrenaturais e personalizadas, enquanto a Filosofia, ao contrário, explica a produção natural das coisas por elementos e causas naturais e impessoais. O mito falava em Urano, Ponto e Gaia; a Filosofia fala em céu, mar e terra. O mito narra a origem dos seres celestes (os astros), terrestres (plantas, animais, homens) e marinhos pelos casamentos de Gaia com Urano e Ponto. A Filosofia explica o surgimento desses*

seres por composição, combinação e separação dos quatro elementos – úmido, seco, quente e frio, ou água, terra, fogo e ar.

3. O mito não se importava com contradições, com o fabuloso e o incompreensível, não só porque esses eram traços próprios da narrativa mítica, como também porque a confiança e a crença no mito vinham da autoridade religiosa do narrador. A Filosofia, ao contrário, não admite contradições, fabulação e coisas incompreensíveis, mas exige que a explicação seja coerente, lógica e racional; além disso, a autoridade da explicação não vem da pessoa do filósofo, mas da razão, que é a mesma em todos os seres humanos. (Chaui, 2000, p. 35, grifo do original)

Diante dessas diferenças, nos cabe perguntar: como os gregos passaram a substituir esses conhecimentos míticos, que tinham suas narrativas sobre um passado longínquo e fabuloso, para se preocuparem com explicações sobre como as coisas são na totalidade do tempo, no passado, no presente e no futuro? Por que os gregos abandonaram as narrativas sobre a origem das coisas por meio de elementos sobrenaturais por explicações filosóficas fundamentadas em causas naturais e impessoais? De que modo ocorreu essa valorização de um tipo de conhecimento que não se importava com contradições, com o fabuloso e o incompreensível, para a valorização de um conhecimento que exigia uma explicação coerente, lógica e racional, aceitando apenas a autoridade que vem da razão?

Caro leitor, questões como essas tentarão ser respondidas em nosso próximo tópico. Fique atento.

1.4
O "milagre grego"

Como você percebeu no tópico anterior, a filosofia se distingue do conhecimento mítico pela forma como nela são fundamentadas as explicações, deixando-se de lado esclarecimentos que não contêm argumentos racionais e narrativas sobre a origem das coisas no universo ou a origem dos deuses. Denominamos a narrativa sobre a origem das coisas que existem no universo (cosmos) de *cosmogonia*: uma gênese do cosmos, e chamamos as narrativas acerca da origem dos deuses de *teogonia*: uma gênese do *teos* (deus).

Durante muito tempo, os estudiosos da filosofia tentaram compreender se essa mudança de paradigma na Grécia Antiga – a mudança de um pensamento mítico para um pensamento filosófico – ocorreu de maneira lenta e gradual ou se desenrolou de maneira brusca, própria de um milagre que só poderia ter surgido naquela localização geográfica e naquele contexto histórico temporal.

Com efeito, ao analisar essas formas de interpretação sobre o surgimento da filosofia, alguns estudiosos criaram a tese de que os gregos fizeram diversas modificações na sabedoria oriental a partir das viagens marítimas e dos contatos com os povos do Leste, conforme nos mostra Marilena Chaui (2000, p. 28-30):

> *Durante muito tempo, considerou-se que a Filosofia nascera por transformações que os gregos operaram na sabedoria oriental (egípcia, persa, caldeia e babilônica). Assim, filósofos como Platão e Aristóteles afirmavam a origem oriental da Filosofia. Os gregos, diziam eles, povo comerciante e navegante, descobriram, através das viagens, a agrimensura dos egípcios (usada para medir as terras, após as cheias do Nilo), a astrologia dos caldeus e dos babilônios (usada para prever grandes guerras, subida e queda de reis, catástrofes como peste, fome, furacões), as genealogias dos persas (usadas para dar continuidade às linhagens e dinastias dos governantes), os mistérios religiosos orientais referentes aos rituais de purificação da alma (para livrá-la da reencarnação contínua e garantir-lhe o descanso eterno) etc. A Filosofia teria nascido pelas transformações que os gregos impuseram a esses conhecimentos.*

Vimos, anteriormente, um exemplo dessa afirmação quando falamos da influência que os gregos receberam dos povos egípcios e babilônicos nas áreas da matemática e da astronomia. Essa tese, que ficou conhecida como "tese orientalista" do nascimento da filosofia, acabou sendo criticada por outros teóricos ao longo dos últimos séculos e sendo substituída por novas formas de interpretação do florescimento da filosofia naquele período.

Independentemente das teses e suas respectivas críticas, sabemos que a filosofia surge, inicialmente, como uma espécie de estudo sobre como surgiu o cosmos (o universo) e tudo o que existe nele. Contrariando o modo de argumentação dos mitos, os primeiros filósofos buscaram fundamentar suas explicações sobre essa origem baseando-se em argumentos racionais. Decorre daí que essa primeira explicação filosófica da realidade é uma **cosmologia**: um estudo (uso do *logos*, da razão) sobre a origem e as causas das transformações de tudo o que existe no universo (cosmos). O ponto de dúvida dos estudiosos da filosofia repousava exatamente sobre isso: essa passagem do mito ao *logos* aconteceu de que maneira? Os primeiros filósofos romperam bruscamente ou apenas continuaram as cosmogonias e teogonias de seus antecessores?

Chaui (2000, p. 34) nos mostra que duas respostas foram dadas a estes questionamentos:

> A primeira delas foi dada nos fins do século XIX e começo do século XX, quando reinava um grande otimismo sobre os poderes científicos e as capacidades técnicas do homem. Dizia-se, então, que a Filosofia nasceu por uma ruptura radical com os mitos, sendo a primeira explicação científica da realidade produzida pelo Ocidente. A segunda resposta foi dada a partir de meados do século XX, quando os estudos dos antropólogos e dos historiadores mostraram a importância dos mitos na organização social e cultural das sociedades e como os mitos estão profundamente entranhados nos

modos de pensar e de sentir de uma sociedade. Por isso, dizia-se que os gregos, como qualquer outro povo, acreditavam em seus mitos e que a Filosofia nasceu, vagarosa e gradualmente, do interior dos próprios mitos, como uma racionalização deles.

A primeira resposta, sobretudo para os pensadores do século XIX, estava associada à tese de que a filosofia teria surgido por causa de um "**milagre grego**". Ora, por que um milagre? O que esses estudiosos estavam querendo defender com essa ideia? Eles compreendiam, nessa tese, que a filosofia não teria sido preparada por nada nem por ninguém, mas, ao contrário, teria surgido na Grécia do Período Clássico de maneira espantosa e inesperada. Ao mesmo tempo, queriam demonstrar também com essa tese que a filosofia foi um acontecimento sem igual na história, diferente de tudo o que já se viu, algo próprio de um milagre. Por fim, queriam demonstrar que os gregos eram um povo excepcional, os únicos capazes de criar esse conhecimento chamado *filosofia* e os únicos a criar as ciências e a dar um sentido às artes de maneira brilhante e sem precedentes.

No entanto, após diversos estudos históricos, linguísticos, literários e até mesmo artísticos realizados no século XX, a tese do "milagre grego" tem sido considerada exagerada pela comunidade acadêmica por expressar uma argumentação que não leva em conta alguns fatores relevantes. É importante notarmos que, de fato, a filosofia tem uma influência oriental, o que fica provado pelas viagens que os gregos empreenderam ao Oriente e, principalmente, pela análise das obras de Homero e de Hesíodo, indivíduos foram fundamentais para a educação do povo grego e encontraram nos mitos da cultura oriental elementos essenciais para a formação de uma mitologia propriamente grega (Chaui, 2000, p. 30).

Da mesma forma, podemos perceber que há nos gregos uma originalidade sem igual na criação de sua cultura, tanto em relação aos mitos quanto aos conhecimentos nas áreas da ciência, matemática, astronomia e medicina; seja a respeito da organização política e social, inovando na forma de participação das pessoas no poder da sociedade, seja em relação à criação de um tipo de pensamento sistemático, baseado na lógica e em valores e regras de caráter universal. Todavia, essa originalidade grega não pode ser pensada como um milagre, um acontecimento sem igual, pois vários foram os fatores que prepararam o nascimento dessa genialidade grega. É diante desses fatores que os estudiosos do último século definem que a filosofia teria surgido de maneira lenta e gradual, entendendo e considerando a importância dos mitos para a organização social e cultural do povo grego. Os primeiros filósofos teriam, nessa tese, começado a formulação da filosofia no interior dos próprios mitos, como uma forma de racionalização dessas narrativas.

> Os primeiros filósofos teriam começado a formulação da filosofia no interior dos próprios mitos gregos, como uma forma de racionalização dessas narrativas.

Um futuro filósofo precisa ter em mente essas transformações conceituais pelas quais os estudiosos passaram ao compreender o surgimento da filosofia no Período Clássico da Grécia Antiga. Deve, inclusive, ficar atento no que a comunidade acadêmica discute atualmente sobre esse assunto, pois perceberá uma característica fundamental do conhecimento filosófico como um todo: na filosofia não existem ideias prontas e acabadas. É bem possível que essas teses sejam criticadas e caiam na obsolescência diante de novos argumentos. Quem sabe você, interessado nos estudos da filosofia antiga, não seja um grande crítico dessas teses e venha a reformulá-las em um processo dialético contínuo e cada vez mais profundo?

No próximo capítulo, conheceremos um pouco mais sobre as fases que a filosofia antiga passou, procurando descrever quais foram as principais preocupações e respostas dadas pelos filósofos em cada um dos períodos que estudaremos.

Síntese

Neste capítulo abordamos as principais transformações históricas que possibilitaram aos gregos a passagem de um tipo de pensamento com características míticas para um pensamento racional-filosófico, evento que caracterizou o nascimento da filosofia. Destacamos, dessa maneira, alguns aspectos da cultura grega que foram determinantes para as transformações ocorridas nesse período.

Entre as principais condições históricas que tornaram possível o nascimento da filosofia, enfatizamos as grandes viagens marítimas gregas, a utilização da moeda, a invenção do alfabeto grego e do calendário e as vidas urbana e política.

Abordamos, ainda, a relação entre mito e filosofia e a tese do "milagre grego", segundo a qual a filosofia teria surgido na Grécia do Período Clássico de maneira espantosa e inesperada.

Indicações culturais

A ODISSEIA. Direção: Andrei Konchalovsky. EUA: Alpha Filmes, 1997. 176 min.

Esse longa-metragem é uma adaptação do poema épico *Odisseia*, atribuído a Homero. Apresenta a trajetória de lutas do herói Odisseu, que enfrenta grandes desafios para voltar ao seu lar, onde é esperado por sua amada Penélope. Trata-se de um excelente recurso para trabalhar em sala de aula, uma vez que proporciona uma visão geral do contexto histórico abordado.

PORTAL GRÉCIA ANTIGA. Disponível em: <http://www.greciantiga. org>. Acesso em: 10 set. 2015.

Esse portal reúne materiais – monografias, imagens, artigos e *links* – para divulgação da antiga cultura grega na internet. Entre os tópicos, podemos destacar a história, a religião, a ciência, a arte e a filosofia. No espaço dedicado à filosofia, você encontrará textos sobre a vida, a obra e o pensamento dos filósofos gregos, além de excelentes indicações bibliográficas para aprofundar os seus estudos nesse campo.

CLÁSSICA – Revista Brasileira de Estudos Clássicos. Belo Horizonte, 2015. Disponível em: <http://www.revista.classica.org.br/index. php/classica>. Acesso em: 10 set. 2015.

Esse periódico da Sociedade Brasileira de Estudos Clássicos é de caráter científico e interdisciplinar, tendo como objetivo divulgar trabalhos inéditos e originais sobre todos os aspectos da cultura da Antiguidade Clássica e de outras culturas do mundo antigo. Os textos são publicados em diversas línguas, entre as quais a portuguesa.

Atividades de autoavaliação

1. No que diz respeito à gênese do pensamento filosófico, com base na leitura do capítulo anterior, analise as proposições a seguir:

    I. A filosofia é uma ciência com raízes chinesas, pois foram os chineses que a desenvolveram pela primeira vez.

    II. A filosofia é grega em sua essência e tem uma data de nascimento aproximada.

    III. O nascimento da filosofia é decorrente de um apego aos mitos e a doutrinas religiosas que tentavam explicar a origem do mundo.

    IV. O nascimento da filosofia é um acontecimento único e que marca profundamente a história do Ocidente.

Estão corretas somente as proposições:

a) I e II.

b) II e III.

c) III e IV.

d) II e IV.

2. Quanto aos períodos que foram convencionados com relação à história da Grécia Antiga, assinale alternativa correta:

a) Período da Grécia Antiga, Período Medieval, Período Moderno e Contemporâneo.

b) Período Homérico, Período Arcaico, Período Clássico e Período Helenístico.

c) Período Pitagórico, Período Dórico, Período Mixolídio e Período Jônico.

d) Período Sofítico, Período Socrático, Período Platônico e Período Aristotélico.

3. Sobre o episódio denominado *Primeira Diáspora Grega*, assinale a alternativa correta:

a) Refere-se às contínuas guerras que ocorriam entre os povos gregos.

b) Diz respeito à dispersão provocada pelos líderes das cidades-Estados gregas.

c) Refere-se ao fato de os gregos se formarem a partir das invasões de povos dórios.

d) Diz respeito às contínuas discussões que eram realizadas nas praças das cidades gregas.

4. Com relação às principais características do Período Arcaico, com base nos estudos deste capítulo, analise as sentenças a seguir e marque (V) para as verdadeiras e (F) para as falsas. Em seguida, assinale a alternativa com a sequência correta:

( ) A principal característica desse período é a reflexão sobre questões políticas e morais.

( ) Nesse período, os gregos estabeleceram diversas cidades-Estados em toda região da Península Itálica e na ilha da Sicília.

( ) É no Período Arcaico que temos a consolidação da filosofia grega como ciência que busca a origem de todas as coisas.

( ) O Período Arcaico é marcado por algumas reformas políticas e que se devem aos seus legisladores, como Sólon e Drácon.

a) V – V – F – F.

b) F – F – V – V.

c) V – F – V – F.

d) F – V – F – V.

5. Quanto ao principal objetivo dos filósofos do Período Arcaico, também conhecidos como *filósofos pré-socráticos*, é correto afirmar que:

a) Buscavam compreender o homem e a razão de ser da sua vida na Terra.

b) Procuravam um princípio originador de tudo o que existe no cosmos.

c) Especulavam sobre a mente humana e suas possibilidades de conhecer.

d) Preocupavam-se com questões metafísicas e teológicas.

Atividades de autoaprendizagem

Questões para reflexão

1. Com base na leitura do capítulo, aponte algumas das principais características da sociedade grega no Período Homérico.

2. Cite as principais condições históricas que tornaram possível o nascimento da filosofia.

3. Baseando-se na leitura do capítulo, explique o significado da expressão "milagre grego".

Atividade aplicada: prática

1. Consulte o *site Grécia Antiga* – sugerido na seção "Indicações culturais" –, no espaço dedicado à filosofia, e procure fazer uma síntese dos conteúdos referentes à história da filosofia antiga. Em seguida, elabore um texto, o qual você poderá compartilhar com seus colegas de turma nas redes sociais.

2

Períodos da filosofia antiga

*A*té agora, você aprendeu alguns aspectos fundamentais do estudo da filosofia antiga em relação ao contexto histórico no qual surgiu esse tipo de pensamento e as suas relações com o conhecimento mítico. Para continuarmos nossa explanação sobre o tema, vamos abordar os quatro períodos da filosofia antiga, de modo que possamos analisar detalhadamente como as preocupações dos filósofos foram se transformando e se modificando ao longo desse período, passando pelo tema que ficou conhecido como cosmologia (estudo sobre a origem do cosmos = universo) e o tema da antropologia (estudo sobre o homem) até chegar a uma sistematização e posterior expansão desse tipo de conhecimento por todo o Ocidente. Vamos lá!

2.1

Período cosmológico

O **período cosmológico** começa no fim do século VII a.c. e vai até o fim do século V a.c. Você se recorda quando falamos, no capítulo anterior, sobre o contexto histórico da Grécia Antiga, que esse é o Período Arcaico da história da Grécia? Pois bem, é nesse período que surgiram **os primeiros filósofos.**

Embora a periodização da história da filosofia antiga não corresponda exatamente à da história da Grécia, é de fundamental importância que o estudioso dessa área saiba fazer certas relações entre ambas para obter maior clareza sobre o contexto no qual as teorias filosóficas surgem e – principalmente – o porquê das preocupações dos filósofos nesse período. É nesse sentido que Marilena Chaui (2000, p. 39) afirma:

> *Os períodos da Filosofia não correspondem exatamente a essas épocas [da História da Grécia], já que ela não existe na Grécia homérica e só aparece nos meados da Grécia arcaica. Entretanto, o apogeu da Filosofia acontece durante o apogeu da cultura e da sociedade gregas; portanto, durante a Grécia clássica.*

Porém, como os primeiros filósofos começaram a filosofar? Quais foram as primeiras preocupações filosóficas desses pensadores?

Nessa fase, a principal preocupação dos filósofos era tentar responder aos anseios das pessoas acerca do surgimento do cosmos: do que são formadas todas as coisas que existem no cosmos, no universo? Qual é a origem de tudo o que existe no mundo e as causas das transformações na natureza? Por conta dessa preocupação, esse período ficou conhecido na filosofia como ***período cosmológico.***

Questões como as apresentadas eram respondidas de maneira muito criativa pelos mitos. Porém, como vimos anteriormente, as explicações mitológicas não mais satisfaziam o espírito dos gregos, que passaram a buscar respostas diferentes para esses anseios. É aí que começou a filosofia, como uma forma de cosmologia, e o título de primeiro filósofo é atribuído a Tales, da cidade de Mileto, uma das colônias da Ásia Menor. Chaui (2000) sustenta esse fato da seguinte maneira:

Os historiadores da Filosofia dizem que ela possui data e local de nascimento: final do século VII e início do século VI antes de Cristo, nas colônias gregas da Ásia Menor (particularmente as que formavam uma região denominada Jônia), na cidade de Mileto. E o primeiro filósofo foi Tales de Mileto. Além de possuir data e local de nascimento e de possuir seu primeiro autor, a Filosofia também possui um conteúdo preciso ao nascer: é uma COSMOLOGIA. *A palavra* COSMOLOGIA *é composta de duas outras:* COSMOS, *que significa mundo ordenado e organizado, e* LOGIA, *que vem da palavra* LOGOS, *que significa pensamento racional, discurso racional, conhecimento. Assim, a Filosofia nasce como conhecimento racional da ordem do mundo ou da Natureza, donde, cosmologia.* (Chaui, 2000, p. 28, grifo do original)

Essa precisa definição de Chaui (2000) nos mostra os caminhos percorridos pela filosofia em sua origem. Porém, quais foram as respostas encontradas pelos primeiros filósofos para a problemática cosmológica acerca da origem do mundo? Embora com diferenças fundamentais, que estudaremos no próximo capítulo, a resposta dada pelos primeiros filósofos tem em comum o fato de que, para eles, tudo o que existe no universo provém de um *arché*, palavra grega que significa "origem", ou um princípio primeiro que está na origem de todas as coisas que existem no universo.

Gabriel Chalita (2005) fala sobre o *arché* e os objetivos dos primeiros filósofos nesse período cosmológico da filosofia antiga:

Dentre os objetivos desses primeiros filósofos, destaca-se a construção de uma COSMOLOGIA – *explicação racional e sistemática das características do universo* – *que substituísse a antiga* COSMOGONIA – *explicação sobre a origem do universo baseada nos mitos. Assim, com base na razão e não na mitologia, os primeiros filósofos gregos tentaram encontrar o* PRINCÍPIO SUBSTANCIAL *ou* SUBSTÂNCIA PRIMOR= DIAL *(a* ARCHÉ, *em grego) existente em todos os seres, a "matéria-prima" de que são feitas todas as coisas.* (Chalita, 2005, p. 206, grifo do original)

Essa busca por um *arché* representa uma tentativa de estabelecer uma explicação racional sobre a origem e a causa das transformações na natureza. Justamente por essa característica é que esses primeiros filósofos também ficaram conhecidos como "filósofos da natureza", ou "filósofos da *physis*". Chaui (2000) nos apresenta uma boa definição desse termo:

O fundo eterno, perene, imortal e imperecível de onde tudo brota e para onde tudo retorna é o elemento primordial da Natureza e chama-se PHYSIS *(em grego,* PHY-SIS *vem de um verbo que significa fazer surgir, fazer brotar, fazer nascer, produzir). A* PHYSIS *é a Natureza eterna e em perene transformação. Afirma que, embora a* PHYSIS *(o elemento primordial eterno) seja imperecível, ela dá origem a todos os seres infinitamente variados e diferentes do mundo, seres que, ao contrário do princípio gerador, são perecíveis ou mortais.* (Chaui, 2000, p. 41, grifo do original)

Uma substância primordial imperecível e eterna que dá origem a seres perecíveis e mortais: eis o *arché*! Com efeito, os primeiros filósofos, ao explicarem essas causas na natureza por meio da existência de um *arché*, desejavam também explicar como ocorrem as transformações nos seres humanos. Vamos ver, no próximo capítulo, que diversos filósofos se apropriaram de diferentes elementos da *physis* para ser o seu *arché*, para ser o seu princípio eterno e imutável que dá origem às coisas que existem no cosmos.

> Os primeiros filósofos, ao explicar essas causas na natureza por meio da existência de um *arché*, desejavam também explicar como ocorrem as transformações nos seres humanos.

2.2

Período antropológico

O **período antropológico** da filosofia antiga começa no final do século V a.C. e perpassa todo o século IV a.c. É o Período Clássico na história da Grécia Antiga, você está lembrado?

Com o florescimento do comércio e a estruturação dos centros urbanos nas *poleis*, os gregos conheceram uma verdadeira "era de ouro", sobretudo no governo de Péricles, quando Atenas se tornara o centro da vida social, política da Grécia e símbolo da cultura grega como um todo. Surgiu, nesse período, a **democracia grega**, que pregava a igualdade entre os cidadãos – lembramos que nem todas as pessoas dispunham desse *status*, restrito aos homens adultos, maiores de 18 anos, nascidos na Grécia e filhos de gregos, não cabendo esse título a estrangeiros, crianças, idosos, escravizados e mulheres.

Todos os cidadãos passaram a ser iguais perante a lei e todos eles poderiam participar ativamente da vida pública e das decisões políticas na *pólis*: era uma democracia direta. Portanto, todos podiam participar do poder, sendo livres para exprimir suas opiniões, discutir e defender suas posições políticas diante da população e influenciar o rumo e a organização da cidade.

Todavia, para fazerem com que suas opiniões fossem aceitas pela maioria nas assembleias, os cidadãos deveriam organizar um discurso persuasivo e convincente. Mas o que era considerado *persuasivo* nesse período? Ora, se você está lembrado, as explicações e narrativas míticas não agradavam mais ao espírito grego por serem demasiado fantasiosas. O que persuadia o povo nesse período era um discurso racional, fundamentado em argumentos lógicos e não contraditórios. Chaui (2000) nos mostra que algumas transformações ocorreram na educação grega desse período:

Com isso, uma mudança profunda vai ocorrer na educação grega. Quando não havia democracia, mas dominavam as famílias aristocráticas, senhoras das terras, o poder lhes pertencia. Essas famílias, valendo-se dos dois grandes poetas gregos, Homero e Hesíodo, criaram um padrão de educação, próprio dos aristocratas. Esse padrão afirmava que o homem ideal ou perfeito era o guerreiro belo e bom. Belo: seu corpo era formado pela ginástica, pela dança e pelos jogos de guerra, imitando os heróis da guerra de Troia (Aquiles, Heitor, Ájax, Ulisses). Bom: seu espírito era formado escutando Homero e Hesíodo, aprendendo as virtudes admiradas pelos deuses e praticadas pelos heróis, a principal delas sendo a coragem diante da morte, na guerra. A virtude era a ARETE *(excelência e superioridade), própria dos melhores, os* ARISTOI. *Quando, porém, a democracia se instala e o poder vai sendo retirado dos aristocratas, esse ideal educativo ou pedagógico também vai sendo substituído por outro. O ideal da educação do Século de Péricles é a formação do cidadão. A* ARETE *é a virtude cívica.* (Chaui, 2000, p. 42, grifo do original)

Essa nova forma de encarar o processo formativo do cidadão grego, que passa a compreender a *arete* não mais como excelência e superioridade de alguns poucos, dos aristocratas, mas como uma virtude cívica de todo e qualquer cidadão, fez com que a filosofia desempenhe um papel fundamental, pois ela ajudaria esses sujeitos políticos a exercerem sua cidadania de maneira eficiente, persuasiva e convincente:

Ora, qual é o momento em que o cidadão mais aparece e mais exerce sua cidadania? Quando opina, discute, delibera e vota nas assembleias. Assim, a nova educação estabelece como padrão ideal a formação do bom orador, isto é, aquele que saiba falar em público e persuadir os outros na política. (Chaui, 2000, p. 42)

Diante desse contexto é que a filosofia não mais se preocupou com as questões que envolvem o surgimento do cosmos, suas causas e transformações por meio de um *arché*, como no período cosmológico, mas passou a se ocupar com indagações a respeito do *antropos* – ou seja, o homem.

Decorre daí a forma de nomearmos esse período de **antropológico**: período no qual a preocupação da filosofia estava em compreender a ética, a política, a virtude, as técnicas. Em outras palavras, questões que envolviam a natureza humana.

Nessa época surgiram os **sofistas**. Entre eles, podemos citar Protágoras de Abdera (490-415 a.c.), que ficou conhecido por cunhar a frase "o homem é a medida de todas as coisas, das coisas que são, enquanto são, das coisas que não são, enquanto não são" (citado por Feitosa; Miranda; Neves, 2014, p. 95). Nesse período também abrolhou o grande nome da filosofia: Sócrates. Vamos estudar os dois pensadores citados de maneira mais precisa nos próximos capítulos, compreendendo qual foi a real influência deles para a formação educacional do povo grego nesse período e suas contribuições para a filosofia na Grécia Antiga.

2.3
Período sistemático

O *período sistemático* teve início no final do século IV a.C. e foi até o final do século III a.c., época em que os filósofos buscaram organizar e sistematizar tudo o que foi produzido nos períodos anteriores. A principal preocupação dos filósofos nesse período é mostrar que tudo se transforma em objeto de estudo da filosofia, tomando cuidado com o modo de se pensar tais coisas, embasando-as nas leis da lógica e buscando critérios da verdade válidos universalmente.

Os principais nomes desse período foram Aristóteles e Platão. O primeiro, discípulo de Platão, elaborou uma genuína classificação dos conhecimentos que seus antecessores produziram, demonstrando que a filosofia deveria não só abarcar todos os conhecimentos possíveis, mas distinguir as formas de conhecê-los, desde as mais simples até as mais complexas.

Chaui (2000, p. 48) nos mostra que, nesse período, "cada saber, no campo que lhe é próprio, possui seu objeto específico, procedimentos específicos para sua aquisição e exposição, formas próprias de demonstração e prova". Cada área do saber se transforma em um tipo específico de *episteme*, ou seja, de **ciência**.

Vamos analisar, nos próximos capítulos, algumas contribuições desse grande filósofo, Aristóteles. Por hora, basta explicitarmos que, no período sistemático, esse pensador demonstrou, com maestria, que, antes de querermos conhecer um objeto qualquer, com suas especificidades que lhe sãos próprias, precisamos entender como funcionam as leis gerais do pensamento. Com essa preocupação, o filósofo macedônico criou a **lógica**, um estudo que não se preocupa com o conteúdo (da matéria) estudado, mas apenas com a forma de pensá-lo. A lógica criada por Aristóteles se transformou em um instrumento que passou a nortear o pensamento dos seres humanos em qualquer matéria de conhecimento.

> A lógica criada por Aristóteles se transformou em um instrumento que norteou o pensamento dos seres humanos em qualquer matéria de conhecimento.

Outra grande contribuição que cabe demonstrarmos aqui – e que é de fundamental importância para compreendermos esse período – é a classificação das ciências que nos foi legada por Aristóteles:

- As **ciências produtivas**, uma atividade humana técnica ou artística cujo objetivo é produzir algo (um objeto ou uma obra), como a arquitetura, a medicina, a pintura, a escultura, a arte da guerra, da navegação etc.

- As **ciências práticas**, um estudo das ações humanas em vista de certos valores e que tem nelas seu próprio fim, por exemplo, a ética e a política – ciências práticas que visam, em suas ações, alcançar o bem do indivíduo ou da sociedade.

- As **ciências teoréticas**, que estudam as coisas que não foram feitas pelos homens, as coisas que existem independentemente dos seres humanos e que, por esse motivo, podem apenas ser contempladas por nós.

Com relação a esta última, Aristóteles trata das coisas da natureza e das coisas divinas, as quais são subdivididas da seguinte maneira, na obra de Chaui (2000, 49-50, grifo do original):

> 1. *ciência das coisas naturais submetidas à mudança ou ao devir: física, biologia, meteorologia, psicologia (pois a alma, que em grego se diz* PSYCHÊ, *é um ser natural, existindo de formas variadas em todos os seres vivos, plantas, animais e homens);* 2. *ciência das coisas naturais que não estão submetidas à mudança ou ao devir: as matemáticas e a astronomia (os gregos julgavam que os astros eram eternos e imutáveis);* 3. *ciência da realidade pura, que não é nem natural mutável, nem natural imutável, nem resultado da ação humana, nem resultado da fabricação humana. Trata-se daquilo que deve haver em toda e qualquer realidade, seja ela natural, matemática, ética, política ou técnica, para ser realidade. É o que Aristóteles chama de* SER *ou* SUBSTÂNCIA *de tudo o que existe. A ciência teórica que estuda o puro ser chama-se* METAFÍSICA; 4. *ciência teórica das coisas divinas que são a causa e a finalidade de tudo o que existe na Natureza e no homem. Vimos que as coisas divinas são chamadas de* THEION *e, por isso, esta última ciência chama-se* TEOLOGIA. *A Filosofia, para Aristóteles, encontra seu ponto mais alto na metafísica e na teologia, de onde derivam todos os outros conhecimentos.*

Essa classificação dos campos do conhecimento realizada por Aristóteles representou um grande marco para o Ocidente, fazendo com que diversos estudiosos das mais variadas áreas da ciência, ainda nos dias de hoje, tenham de recorrer às obras escritas pelo filósofo estagirita. Passaremos agora a analisar, em nosso próximo tópico, o último período da filosofia antiga grega. Continue sua leitura com atenção.

2.4
Período helênico

O **período helênico** começou no final do século III a.C. e foi até o século IV da Era Cristã. Nele presenciamos algumas transformações e acontecimentos históricos que foram determinantes. Você se lembra do nosso primeiro tópico do livro, quando falamos de Alexandre da Macedônia? Ele teve como seu tutor nada mais nada menos do que o grande filósofo Aristóteles. Devido à sua excelente formação e à morte precoce de seu pai, Alexandre levou para todo o mundo conhecido de sua época a cultura helênica, ou seja, a cultura grega. Decorre daí o fato de esse período ser chamado de *helênico*, que passa pelo governo de Alexandre da Macedônia e vai até a criação, a expansão, a cristianização e a queda do poderoso Império Romano. No final do século IV d.C., quando Roma caiu diante das invasões bárbaras, iniciou-se a Idade Média e toda a reformulação do sistema social, econômico e cultural dos povos na Europa, fortemente influenciados pelo cristianismo.

Importa para nosso estudo sobre o período helênico, sobretudo, a produção filosófica de algumas escolas como o **epicurismo**, o **estoicismo**, o **cinismo** e o **ceticismo**. A filosofia desse período preocupou-se com questões próprias da ação humana (da ética), do conhecimento humano e da relação entre os seres humanos, da natureza e de Deus.

É de suma importância frisar que, nesse período, a *pólis* grega desapareceu, em especial quando o Império Romano conquistou os territórios gregos. Diante disso, essas escolas filosóficas se identificaram com um ideal cosmopolita, compreendendo que o mundo agora era o palco do exercício da cidadania, ou seja, o cosmos é a sua *pólis*. Chalita (2005) descreve da seguinte maneira:

As PÓLEIS *haviam perdido muito de sua autonomia; antes, as cidades gregas eram praticamente autônomas, e naquele período tiveram de se subordinar à dominação macedônia, que compreendia um imenso e poderoso império. Assim, o espaço público, que no passado era tão valorizado, perdeu muito de sua importância. Ao mesmo tempo, as conquistas de Alexandre Magno colocaram os gregos em contato com elementos culturais de diversos povos, introduzindo na Grécia novos conceitos sobre o mundo e o modo de viver e agir em sociedade [...]. Diante do novo contexto, em que a cidade não era mais uma instituição tão sólida como no passado, as novas correntes de pensamento colocaram a vida do indivíduo no centro de suas reflexões.*
(Chalita, 2005, p. 73)

Outro aspecto importante desse período, que influenciou fortemente a filosofia helenística, foi a incrível troca cultural entre Ocidente e Oriente, que facilitou o contato dos pensadores desse tempo com a sabedoria oriental, eventos possibilitados pelas conquistas de Alexandre, pela ampliação do Império Romano e, principalmente, pela crescente influência das religiões do Leste. Chaui (2000, p. 51) descreve que houve, por conta dessas trocas culturais, "uma orientalização da filosofia, sobretudo nos aspectos místicos e religiosos".

Abordaremos com mais detalhes em que consiste essa orientalização da filosofia nos capítulos a seguir, principalmente quando falarmos de maneira mais detalhada das escolas filosóficas do período helênico.

Síntese

Demonstramos neste capítulo como podemos subdividir a filosofia antiga, de modo a compreendermos as preocupações e inquietações dos filósofos, as quais foram se transformando e se modificando ao longo da Antiguidade, passando por uma cosmologia e uma antropologia até chegar a uma sistematização e posterior expansão desse tipo de conhecimento por todo o Ocidente.

Indicações culturais

HELENA DE TROIA. Direção: Robert Wise. EUA: Warner Bros., 1956. 118 minutos.

É um filme épico baseado na *Ilíada*, de Homero, que reconta a Guerra de Troia travada pelos gregos contra o Rei Páris, que havia raptado a rainha de Esparta, Helena. Apesar de ser uma adaptação da história original de Homero – e que gerou muita polêmica na época do seu lançamento –, esse filme é uma excelente indicação para abordar temas relacionados à Grécia Antiga, entre os quais o reforço da identidade grega.

OUSIA – Estudos em filosofia clássica. Rio de Janeiro, 2015. Disponível em: <http://www.pec.ufrj.br/ousia>. Acesso em: 10 set. 2015.

Ligado ao Departamento de Filosofia da Universidade Federal do Rio de Janeiro (UFRJ), esse *site* disponibiliza, entre outros materiais, traduções de textos clássicos da filosofia e uma lista das obras dos principais filósofos clássicos, com indicações bibliográficas. É um excelente repositório de informações sobre filosofia clássica para aprofundar seu conhecimento.

Atividades de autoavaliação

1. Sobre os períodos da filosofia antiga, com base na leitura do capítulo, assinale a alternativa correta:

   a) Os períodos da filosofia antiga correspondem exatamente aos períodos da história da Grécia.

   b) É no período helênico que surgem os primeiros filósofos, cuja preocupação é com o destino do ser humano.

c) O apogeu da filosofia aconteceu durante a Grécia Clássica, ou seja, no período de apogeu da cultura e da sociedade gregas.

d) O principal período da história da filosofia antiga é o cosmológico, pois nele surgiu a filosofia e os primeiros filósofos.

2. Quanto ao principal objetivo dos filósofos no período cosmológico, analise as proposições a seguir:

I. Nesse período, o principal objetivo era descobrir a origem de tudo o que existe e a causa das transformações na natureza.

II. Os filósofos buscavam, nesse período, uma explicação que justificasse a crença nos deuses e nos mitos.

III. A preocupação principal se dava com a manutenção do quadro político e econômico para o qual os filósofos elaboraram teorias.

IV. A preocupação dos filósofos, nesse período em que nascia a filosofia, era encontrar o elemento originador do cosmos.

Estão corretas apenas as proposições:

a) I e II.

b) II e III.

c) III e IV.

d) I e IV.

3. Sobre o significado da palavra *cosmologia*, na perspectiva abordada neste capítulo, assinale a alternativa correta:

a) Cosmologia diz respeito ao tratado científico que aborda o método para filosofar corretamente.

b) Cosmologia é a parte da filosofia que trata da origem e da justificação da existência de Deus.

c) A palavra *cosmologia* indica um conhecimento racional da ordem do mundo ou da natureza.

d) Cosmologia é o estudo das condições e possibilidades do conhecimento humano e seu alcance filosófico.

4. Quanto às principais características da filosofia antiga no período designado como *antropológico*, marque (V) para as proposições verdadeiras e (F) para as falsas:

( ) Nesse momento, os filósofos se preocuparam em justificar a existência dos deuses e a razão de ser dos templos construídos.

( ) A preocupação se voltou, nesse período, para a formação do bom cidadão livre e capaz de manifestar suas opiniões.

( ) Os filósofos se interessaram pela vida no homem na *pólis*, para que ele exercesse seus direitos e cumprisse seus deveres.

( ) O escopo central das preocupações dos filósofos nesse período era sistematizar o conhecimento acumulado.

Assinale a alternativa que contém a sequência correta:

a) V – F – V – F.

b) F – V – V – F.

c) V – F – F – V.

d) F – V – F – V.

5. No que diz respeito à classificação das ciências realizada por Aristóteles e seus respectivos objetivos, analise as sentenças a seguir:

I. As ciências produtivas têm como objetivo produzir ideias que se constituem em regras de ação para a sociedade.

II. As ciências práticas estudam as ações humanas em vista de certos valores e visam alcançar o bem do indivíduo ou da sociedade.

III. As ciências religiosas têm como objetivo explicar e justificar a existência dos deuses e dos mitos a eles relacionados.

IV. As ciências teoréticas estudam as coisas que não foram feitas pelos homens e existem independentemente deles.

Estão corretas apenas as proposições:

a) I e II.

b) II e III.

c) II e IV.

d) I e IV.

Atividades de autoaprendizagem

Questões para reflexão

1. Explique o significado da palavra *arché* e sua relação com os principais objetivos dos filósofos no primeiro período da história da filosofia antiga.

2. No período designado *antropológico*, o que caracterizava o ideal de educação grega?

3. Qual foi o principal filósofo do período sistemático? Por quê?

Atividade aplicada: prática

1. Elabore um quadro comparativo dos quatro períodos da história da filosofia antiga, apontando as principais características de cada período. Esse quadro sintético lhe ajudará na compreensão do conteúdo estudado e poderá também ser utilizado posteriormente como recurso didático.

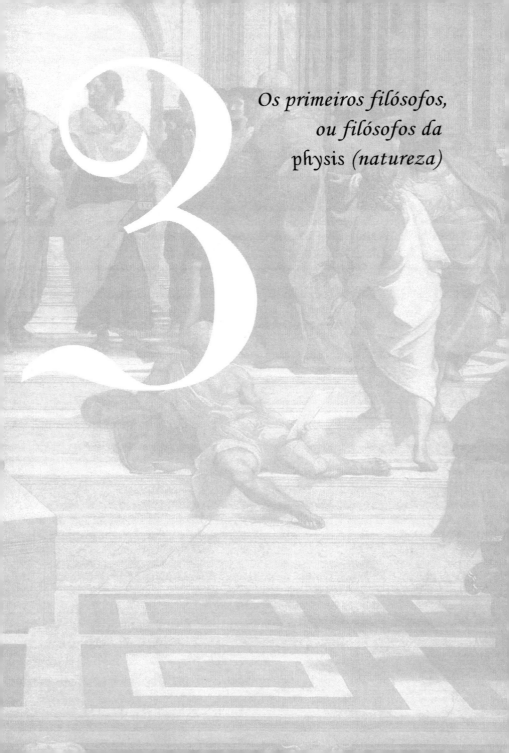

3

Os primeiros filósofos, ou filósofos da physis (natureza)

No primeiro capítulo, verificamos como surgiu a filosofia na Grécia Antiga e quais foram as condições – dos pontos de vista histórico, cultural, social, político, econômico e teórico – que tornaram possível a aurora do conhecimento filosófico. Vimos também que, para fins didáticos, podemos estudar a filosofia antiga com base nas preocupações dos filósofos em diversos momentos distintos, subdividindo nosso estudo em quatro principais períodos: cosmológico (pré-socrático), antropológico (socrático), sistemático e helênico.

Você vai se aventurar, neste ponto do texto, pelos caminhos do pensamento filosófico propriamente dito e pelas principais ideias dos principais filósofos que vieram antes de Sócrates e que, por isso, são chamados de *filósofos pré-socráticos*. Como estão inseridos no período cosmológico, é possível perceber que a preocupação desses pensadores repousa na tentativa de encontrar um princípio originador do cosmos (universo) ou, como mencionamos no capítulo anterior, um *arché*.

Prepare-se, a aventura continua!

3.1
Escolas filosóficas antigas

Vamos estudar neste tópico o pensamento dos primeiros filósofos no interior das escolas que eles fundaram, ou das quais apenas fizeram parte, contribuindo significativamente para o desenvolvimento do pensamento filosófico desse período.

Se você ler com atenção, perceberá nessa análise que a filosofia não surge propriamente na Grécia, mas nas colônias gregas que ficavam na região da Ásia Menor e na Península Itálica (chamada de *Magna Grécia*). Podemos ver isso no mapa mostrado a seguir (Figura 3.1).

Figura 3.1 – Colônias gregas antigas

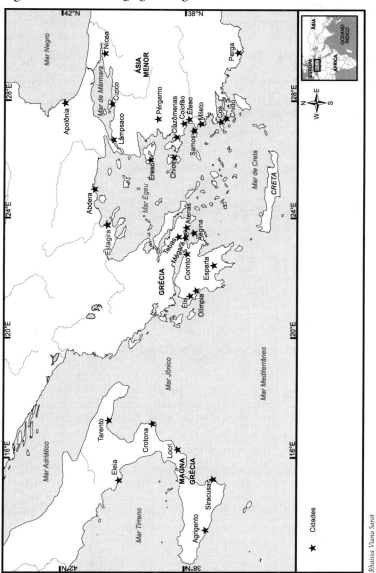

Fonte: Elaborado com base em Pessoa Jr., 2015.

Nas cidades de Mileto, Éfeso e Samos – colônias gregas da Ásia Menor – e de Eleia e Agrigento – colônias da Magna Grécia – surgiram as primeiras escolas filosóficas da Antiguidade Grega. Nessas colônias floresceu o pensamento filosófico, sendo que as principais escolas levam o nome de sua região ou de seu fundador.

> Nas cidades de Mileto, Éfeso e Samos – colônias gregas da Ásia Menor – e de Eleia e Agrigento – colônias da Magna Grécia – surgiram as primeiras escolas filosóficas da Antiguidade Grega.

Vamos conhecer, nos próximos tópicos, quais foram as principais escolas que surgiram no Período Arcaico da história da Grécia Antiga e quem foram seus principais expoentes: os **jônicos**, os **pitagóricos**, os **eleatas** e os **atomistas**. Vamos lá?

3.1.1 Os jônios

É com os povos **jônios** que surgiram as primeiras narrativas poéticas que são atribuídas a Homero. Os jônios se estabeleceram na região da Ásia Menor e, diferentemente das *poleis* gregas continentais que ainda estavam presas às características do Período Arcaico, produziram as primeiras explicações científicas e filosóficas e se transformaram em grandes centros econômicos e culturais, graças à localização geográfica privilegiada, sobretudo nas cidades de Mileto e Éfeso, o que facilitava a navegação, o comércio e o intercâmbio cultural com outros povos (Souza, 1996, p. 17). Entre as cidades da região da Jônia, a cidade de Mileto, sem dúvida, ganha um destaque especial por ser a casa daquele que ficou conhecido como o "primeiro filósofo".

É comum atribuir o título de primeiro filósofo a **Tales**, da cidade de Mileto, região da Jônia antiga, situada na Ásia Menor. Mileto foi uma das principais cidades-Estados gregas, estratégica do ponto de vista comercial com os povos do Oriente. E Tales foi o fundador da Escola de Mileto.

Tales viveu por volta do fim do século VII a.C. e início do século VI a.C., e foi o primeiro a se preocupar com a questão de um princípio que origina todas as coisas no cosmos – ou seja, o primeiro a se preocupar com o *arché*. Além dele, seus discípulos Anaximandro e Anaxímenes, na Escola de Mileto, também procuraram, cada qual à suma maneira, descrever e fundamentar um princípio originador de todas as coisas.

Diante disso, vamos analisar a contribuição de cada um desses pensadores e, principalmente, quais foram suas respostas para fundamentar o problema da cosmologia antiga.

3.1.1.1 Tales de Mileto

Tales de Mileto, além de filósofo, foi um famoso matemático, cientista e político. Conhecemos o legado de Tales apenas pela tradição oral, pois não se tem conhecimento de que Tales tenha escrito alguma obra. Tudo o que conhecemos sobre ele chegou até nós por intermédio de seus discípulos (Souza, 1996, p. 51).

Primeiro filósofo, grande matemático, um dos "sete sábios da Grécia" (Souza, 1996)*, fundador da Escola de Mileto, primeiro pensador a criar uma cosmologia que busca um princípio originador de todas as coisas, fundador da filosofia da *physis* (ou filosofia da natureza). Esses títulos atribuídos a Tales demonstram sua importância para o mundo ocidental e o inserem no hall das grandes mentes brilhantes de todos os tempos.

Para Tales, o princípio que origina todas as coisas é a água: tudo é água! Compreender a argumentação elaborada por esse pensador é compreender a primeira grande resposta filosófica que a civilização ocidental criou.

---

* "Alguns historiadores consideram que sua colocação pelos antigos entre os 'sete sábios da Grécia' deveu-se principalmente a sua atuação política: teria tentado unir as cidades-Estados da Ásia Menor numa confederação, no intuito de fortalecer o mundo helênico diante das ameaças de invasões de povos orientais" (Souza, 1996, p. 19).

Para a história da filosofia, a importância de Tales advém sobretudo de ter afirmado que a água era a origem de todas as coisas. A água seria a PHYSIS, que, no vocabulário da época, abrangia tanto a acepção de "fonte originária" quanto a de "processo de surgimento e de desenvolvimento", correspondendo perfeitamente a "GÊNESE" (Souza, 1996, p. 19, grifo do original)

Essa explicação culminou na criação da filosofia, uma verdadeira revolução para a Antiguidade, que tinha nas explicações mitológicas os argumentos que fundamentavam suas crenças acerca da origem do universo.

Como Tales chega a essa conclusão? Quais são os argumentos que fundamentam a ideia de que o *arché* é a água? Antes de respondermos a essa questão, cremos ser fundamental destacar: não há evidência concreta que nos permita afirmar que Tales tenha utilizado o termo *arché*, conforme percebemos na descrição do primeiro volume da obra *História da filosofia*, de Giovanni Reale e Dario Antiseri (2003, p. 18, grifo do original).

"Princípio" (ARCHÉ) não é termo de Tales (talvez tenha sido introduzido por seu discípulo Anaximandro), mas é certamente o termo que indica, melhor que qualquer outro, o conceito daquele QUID do qual todas as coisas derivam. Como nota Aristóteles em sua exposição sobre o pensamento de Tales e dos primeiros físicos, o "princípio" é "aquilo do qual DERIVAM originariamente e no qual se RESOLVEM por último todos os seres", "uma realidade que permanece idêntica no transmutar-se de suas alterações", ou seja, uma realidade "que continua a existir de maneira imutada, mesmo através do processo gerador de todas as coisas".

Com efeito, Tales quis demonstrar em sua tese que tudo provém da água, ou seja, a água é o princípio (o *arché*), a fonte, a origem, o fim último e o substrato permanente de todas as coisas existentes no cosmos. "Em suma, o 'princípio' pode ser definido como aquilo *do qual* provém, aquilo *no qual* se concluem e aquilo *pelo qual* existem e subsistem todas as coisas" (Reale; Antiseri, 2003, p. 18, grifo do original).

Feita essa ressalva sobre a utilização do termo *arché* e principalmente em relação ao sentido desse termo empregado por Tales, podemos voltar agora à pergunta para respondê-la de maneira adequada. O fundador da Escola de Mileto fundamentou sua tese na observação de que todas as coisas que têm vida na natureza são úmidas e que as coisas que não têm vida são de uma secura total. Em suma, Tales atribuía à umidade o fator decisivo para existência da vida na natureza e, assim como a vida está ligada à umidade, a morte está conectada diretamente à falta dela.

O pensador constatava que uma planta sem o elemento básico que a nutre e a umidifica – ou seja, sem água – morre em poucos dias. Da mesma forma, os animais (e até mesmo os seres humanos), quando morrem, secam totalmente. Com efeito, a água é que dá origem à vida e, consequentemente, a água é a fonte que origina todas as coisas que existem no universo.

Perceba, caro leitor, que a fundamentação de Tales não se baseava em nenhum argumento fantasioso ou ilógico, como era próprio dos mitos. Ao contrário, toma como base o *logos*, a razão, baseando-se em um raciocínio simples, uma observação sobre a natureza que o faz chegar a conclusões válidas do ponto de vista da lógica.

Reale e Antiseri (2003) afirmam que não devemos pensar na água de Tales como o elemento natural com que hoje matamos nossa sede, mas:

> [...] A água de Tales deve ser pensada de modo TOTALIZANTE, ou seja, como a PHYSIS líquida originária da qual tudo deriva e da qual a água que bebemos é apenas uma de suas tantas manifestações. Tales é um "naturalista" no sentido antigo do termo e não um "materialista" no sentido moderno e contemporâneo. Com efeito, sua "água" coincidia com o divino. Desse modo, introduz-se nova concepção de Deus: trata-se de uma concepção na qual predomina a razão, e destina-se, enquanto tal, a eliminar logo todos os deuses do politeísmo fantástico-poético dos gregos. (Reale; Antiseri, 2003, p. 19, grifo nosso)

Água como um elemento da *physis*, água como uma concepção própria de Deus que dá origem a todas as outras coisas: água entendida como um princípio, um *arché*. Todavia, essa forma de interpretar a ideia de água em Tales não é uma unanimidade entre os estudiosos do tema. Ao contrário, é possível identificarmos diversas teorias interpretativas sobre esse assunto. Na obra *Os pré-socráticos: fragmentos, doxografia e comentários* (Souza, 1996), da coleção *Os Pensadores*, podemos perceber algumas dessas interpretações, conforme segue na citação:

> Para a história da filosofia, a importância de Tales advém sobretudo de ter afirmado que a água era a origem de todas as coisas. A água seria a PHYSIS, que, no vocabulário da época, abrangia tanto a acepção de "fonte originária" quanto a de "processo de surgimento e de desenvolvimento", correspondendo perfeitamente à "GÊNESE". SEGUNDO A INTERPRETAÇÃO QUE DARÁ ARISTÓTELES séculos mais tarde, teria tido início com Tales a explicação do universo através da "causa material". HISTORIADORES MODERNOS, porém, rejeitam essa interpretação, que "aristoteliza" Tales, atribuindo-lhe preocupação de cunho metafísico. Assim, HÁ QUEM AFIRME (PAUL TANNERY) que Tales foi importante apenas como introdutor na Grécia de noções da matemática oriental, que ele mesmo desenvolveu e aperfeiçoou, e de mitos cosmogônicos, particularmente egípcios, que laicizou, dando-lhe sustentação racional. NOUTRA INTERPRETAÇÃO (OLOF GIGON), "o surgir da água" significaria um processo geológico, sem acepção metafísica: tudo estaria originariamente encoberto pela água; sua evaporação permitiu que as coisas aparecessem. Por outro lado, ALGUNS INTÉRPRETES CONSIDERAM que outra sentença atribuída a Tales – "tudo está cheio de deuses" – representa não um retorno a concepções míticas, mas simplesmente a ideia de que o universo é dotado de animação, de que a matéria é viva (hilozoísmo). (Souza, 1996, p. 19, grifo nosso)

Não cabe a nós, em um estudo apenas introdutório de filosofia antiga, adentrarmos nesse debate acadêmico acerca das interpretações sobre o que Tales compreendia, em sua sentença "tudo é água". Contudo, é importante destacarmos mais uma vez esse aspecto singular da filosofia, de que as ideias e interpretações não estão prontas e acabadas, mas continuamente podemos observar divergências de opiniões sobre o mesmo assunto e termos fundamentações distintas. Essa é uma das marcas da filosofia: ser um processo dialético contínuo.

No entanto, para nosso objetivo ser alcançado, basta que você compreenda que, para Tales, tudo começa e termina na água, e que essa nova forma de explicar a realidade e responder aos anseios do povo grego representa o começo de um novo período no pensamento ocidental. Isso se baseia na ideia de que os seus argumentos podem ser reformulados e corrigidos, caminhando, assim, rumo a um progresso contínuo do ponto de vista intelectual:

> É importante destacarmos esse aspecto singular da filosofia, de que as ideias e interpretações não estão prontas e acabadas, mas continuamente podemos observar divergências de opiniões sobre o mesmo assunto e termos fundamentações distintas.

> *Um dos aspectos fundamentais da mentalidade científico-filosófica inaugurada por Tales consistia na possibilidade de reformulação e correção das teses propostas. À estabilidade dos mitos arcaicos e à estagnação das esparsas e assistemáticas conquistas da ciência oriental, os gregos, a partir de Tales, propõem uma nova visão de mundo cuja base racional fica evidenciada na medida mesma em que ela é capaz de progredir, ser repensada e substituída.* (Souza, 1996, p. 19)

Nessa mesma lógica de que seus argumentos podem ser corrigidos e melhorados, podemos perceber que nem todos concordaram com Tales naquela época. Entre esses, estavam principalmente seus discípulos na Escola de Mileto, que procuraram superar seu mestre dando continuidade a um tipo de raciocínio lógico que se transformou na marca do conhecimento filosófico que surge nesse período.

Passemos, portanto, à análise e à explicação da cosmologia de Anaximandro de Mileto, provavelmente um dos principais discípulos e sucessores de Tales na Escola de Mileto.

3.1.1.2 Anaximandro de Mileto

Não se sabe ao certo, mas a tradição atribui a **Anaximandro** o título de "sucessor" de Tales na Escola de Mileto. Além de filósofo, foi um grande estudioso de geometria, geografia e astronomia, desenvolvendo trabalhos de extrema relevância, como a criação de um mapa terrestre das regiões habitadas em sua época, a criação de um relógio de Sol, denominado *gnômon*, e, sobretudo, a tese de que a Terra era cilíndrica e que estaria no centro do universo.

Teve ainda uma vida ativa na política: os estudiosos da Antiguidade atribuíram a Anaximandro o comando da colônia que realizou uma migração de Mileto para Apolônia (Reale; Antiseri, 2003, p. 19). Viveu por volta do final do século VII a.c. até a segunda metade do século VI a.c. e deu continuidade ao trabalho do seu mestre Tales na busca por um princípio originador do cosmos: um *arché*. Elaborou o que seria o primeiro texto filosófico do Ocidente, um livro intitulado *Sobre a natureza* (Souza, 1996, p. 60). Segundo Reale e Antiseri (2003, p. 19, grifo do original), "a nova forma de composição literária [escrita] tornava-se necessária pelo fato de que o *logos* devia estar livre do vínculo da métrica e do verso para corresponder plenamente às suas próprias instâncias". Nessa forma de análise, a escrita traria uma maior precisão ao *logos* do que a oralidade garantiria.

Ainda que a referida obra de Anaximandro tenha se perdido no tempo, chegou até nós um pequeno fragmento. Tudo aquilo que conhecemos da obra do pensador além dessas linhas foi graças aos pensadores posteriores que escreveram sobre esse grande personagem da Antiguidade.

Todavia, na busca pelo *arché*, Anaximandro tentou superar seu mestre, criticando a tese de que a água seria esse princípio originador do cosmos. Conforme nos mostra Gilberto Cotrim (2013, p. 207), "ele buscou em meio aos diversos elementos observáveis e determinados no mundo natural – especialmente os tradicionais pares de contrários que se 'devoram entre si' (água, terra, ar e fogo) – mas não lhe foi possível identificar entre eles o princípio único e primordial de todos os seres".

Diante de seu fracasso em encontrar na *physis* esse elemento originador do cosmos, Anaximandro concluiu o seguinte: essa substância não deveria estar sujeita às limitações da natureza e, portanto, deveria ser ilimitada; essa substância deveria ser o princípio de todas as coisas que existem – não somente a natureza e o nosso mundo, mas também os céus e todos os outros mundos possíveis. Podemos perceber que essas ideias estão presentes nos fragmentos que chegaram até nós e que foram traduzidos e publicados na obra organizada por Gerd Borheim, intitulada *Os filósofos pré-socráticos**: "1 – Todas as coisas se dissipam onde tiveram a sua gênese, conforme a necessidade; pois pagam umas às outras castigo e expiação pela injustiça, conforme a determinação do tempo. 2 – O ilimitado é eterno. 3 – O ilimitado é imortal e indissolúvel".

---

* Gerd Borheim organizou a edição de *Os filósofos pré-socráticos*, publicada pela Editora Cultrix em 1998, obra que reúne a tradução e a doxologia de diversos fragmentos dos filósofos pré-socráticos e que se constitui em uma fonte riquíssima de conhecimento sobre os mesmos em língua portuguesa. A edição dessa obra, conforme ressalta o próprio organizador (Borheim, 1998, p. 17), tem como base a oitava edição (publicada em 1956, em Berlim) da monumental obra de Hermann Diels e Walther Kranz, alguns dos nomes mais citados quando se trata de estudos sobre os primeiros filósofos.

Diante de tal análise, Anaximandro concluiu que o *arché* não poderia ser a água, pois esta já é um elemento derivável, e não poderia, portanto, como seria próprio de um *arché*, ser princípio infinito e indefinido, do qual todas as coisas provêm. Com efeito, o *arché* deveria ser uma substância que transcenderia os limites dos nossos sentidos, que não estivesse ao alcance do observável. O filósofo chamou essa substância de *ápeiron*, que significa, em grego, "o indeterminado" ou "o infinito". Reale e Antiseri (2003) definem esse conceito da seguinte maneira:

> O termo usado por Anaximandro é Á-PEIRON, que significa aquilo que está PRIVADO DE LIMITES, tanto externos (ou seja, aquilo que é espacialmente e, portanto, quantitativamente infinito), como internos (ou seja, aquilo que é qualitativamente indeterminado). Precisamente por ser quantitativa e qualitativamente i-limitado, o princípio-ÁPEIRON pode dar origem a todas as coisas, de-limitando-se de vários modos. Esse princípio ABARCA E CIRCUNDA, GOVERNA E SUSTENTA tudo, justamente porque, como de-limitação e de-terminação dele, todas as coisas geram-se a partir dele, nele con-sistem e nele existem. (Reale; Antiseri, 2003, p. 19-20, grifo do original)

É justamente a partir do indeterminado, desse elemento infinito, sem limites, que as coisas existem e coexistem no cosmos. É a partir desse elemento, do qual decorrem processos naturais em que os contrários se diferenciam, que surgem os elementos visíveis. Cotrim (2013, p. 208, grifo do original) assim define o *ápeiron*:

> O ÁPEIRON seria a "massa geradora" dos seres e do cosmo, contendo em si todos os elementos opostos. Segundo sua explicação, por diversos processos naturais de diferenciação entre contrários (por exemplo, frio e calor) e de evaporação teriam surgido o céu e a Terra, bem como os animais, em uma sucessão evolutiva que faz lembrar a bem posterior teoria da evolução das espécies (do século XIX).

Diante disso, Anaximandro quer nos mostrar que o cosmos é constituído por uma série de contrários que procuram uma espécie de compensação entre eles (seco e úmido, frio e calor) e que o *ápeiron* seria esse elemento no qual todas as coisas têm sua origem e seu fim. Da mesma forma que seu mestre Tales compreendia que a água, assim como o *arché*, era Deus – chegando a afirmar que tudo está repleto de Deus, porque tudo está repleto de água –, Anaximandro também atribui ao seu princípio do *ápeiron* o título de *Deus*. O *ápeiron*, esse elemento eterno e indefinido, não nasce nem perece, pois é fonte originária de todas as coisas no cosmos: o *ápeiron*, como **princípio**, é Deus.

A tentativa de estabelecer um princípio continuou com os discípulos de Anaximandro, na Escola de Mileto. Vamos, nesta altura do texto, passar a analisar a contribuição de outro pensador dessa famosa escola da Antiguidade chamado Anaxímenes.

3.1.1.3 *Anaxímenes de Mileto*

Anaxímenes foi discípulo e sucessor de Anaximandro na Escola de Mileto. Viveu no século VI a.C. e escreveu uma obra intitulada *Sobre a natureza*, em forma de prosa, da qual chegaram até nós fragmentos que nos dão uma ideia de como a discussão em torno da busca por um *arché* acabou se desenvolvendo naquela região da Jônia.

Além de filósofo, defendeu teses na área da astronomia – algumas dessas teses a ciência viria, com o tempo, comprovar e, outras, refutar. Anaxímenes defendia que a Terra estava assentada no ar e que teria um formato plano; dizia também que a luz emitida pela Lua era um reflexo da luz do Sol, ou seja, que a Lua não teria um brilho próprio; afirmou, ainda, que os eclipses que aconteciam (lunar e solar) eram resultados da obstrução de outros corpos celestes (Cotrim, 2013, p. 208). Além desses aspectos biográficos, é de conhecimento que a sua morte está datada da 63ª Olimpíada realizada na Antiguidade, ou seja, entre os anos 528 a.c. e 525 a.c.

Em relação à construção de uma cosmologia própria dos filósofos pré-socráticos, Anaxímenes defende a tese de que o *arché* deveria ser, como pensava seu mestre Anaximandro, uma substância infinita. Todavia, diferenciou-se do seu mestre por compreender que esse princípio originário de todas as coisas era o **ar infinito**, uma substância aérea com características ilimitadas. "Como nossa alma, que é ar, nos governa e sustém, assim também o sopro e o ar abraçam todo o cosmos."

Esse fragmento* fundamenta a tese de Anaxímenes de que o ar é o *arché*, o ar é a substância primordial e o elemento do qual todas as coisas se originam no cosmos. O fato de o filósofo atribuir um aspecto divino – como esse elemento que nos "governa", como o "sopro" – decorre, provavelmente, de sua influência na Escola de Mileto, ou seja, tem origem em seus antecessores Tales e Anaximandro, que também entendiam esse princípio, esse *arché*, como Deus.

Mas por que Anaxímenes escolheu o ar como *arché*? Para o pensador de Mileto, essa substância primordial não podia transcender os limites da experiência sensível (como pensava Anaximandro). O filósofo buscou sintetizar a tese de seus precursores na Escola de Mileto, considerando que o ar seria esse princípio por ser um elemento quase inobservável: mais sutil que a água de Tales, porém não tão indeterminado quanto o *ápeiron* de Anaximandro.

Além disso, o ar representa um elemento vital para os seres, constatando isso com base na observação de que um ser vivente, quando morre, simplesmente para de respirar. Esse ar infinito seria o responsável por preencher todas as lacunas do cosmos, sendo considerado um princípio

---

*   Gerd Borheim afirma que esse é o único fragmento conhecido de Anaxímenes, com a devida ressalva de que não se tem como provar sua autenticidade (Borheim, 1998, p. 28).

ativo e gerador de movimento, como foi constatado por Anaxímenes pela ação dos ventos.

Era de se esperar que esse pensador quisesse introduzir uma cosmologia que avançasse em uma argumentação mais lógica e mais racional, e encontrou no ar a possibilidade de concretização desse ideal, conforme podemos perceber na descrição de Reale e Antiseri (2013, p. 21):

Com efeito, por sua natureza de grande mobilidade, o ar se presta muito bem (bem mais do que o infinito de Anaximandro) para ser concebido como em perene movimento. Além disso, o ar se presta melhor do que qualquer outro elemento às variações e transformações necessárias para fazer nascer as diversas coisas. Ao se condensar, resfria-se e se torna água e, depois, terra; ao se distender (ou seja, rarefazendo-se) e dilatar, esquenta e torna-se fogo. A variação e tensão da realidade originária dá, portanto, origem a todas as coisas. Em certo sentido, Anaxímenes representa a expressão mais rigorosa e mais lógica do pensamento da Escola de Mileto, porque, com o processo de "condensação" e "rarefação", ele introduz a causa dinâmica da qual Tales ainda não havia falado e que Anaximandro determinara apenas inspirando-se em concepções órficas. Anaxímenes fornece, portanto, uma causa em perfeita harmonia com o "princípio".

Diante da mobilidade que o ar representa, Anaxímenes encontra uma forma de demonstrar que essa variação e transformação do ar – seja na condensação ou na rarefação – se torna a causa e a origem de todas as outras coisas existentes no cosmos. E assim, para finalizar nossa explicação sobre a cosmologia de Anaxímenes, trazemos as palavras de Hegel, que nos ajudará a resumir a contribuição desse importante personagem do pensamento jônico: "Em lugar da matéria indeterminada de Anaximandro, põe ele novamente um elemento determinado da natureza (o absoluto numa forma real) – em vez da água de Tales, o ar" (Hegel, citado por Souza, 1996, p. 68).

Após essas explicações, vamos passar à análise da contribuição de pensadores jônicos que viviam em outra cidade, mais especificamente em Éfeso: vamos falar de Heráclito!

3.1.1.4 Heráclito de Éfeso

Heráclito viveu na cidade de Éfeso, região da Jônia, por volta do ano 540 a.C. a 470 a.c. Descendente da família fundadora da cidade – portanto, com prerrogativas de sangue real –, o filósofo ficou conhecido por ter um caráter arrogante, desprezar a plebe e recusar seus direitos de participar na vida política. Assim, informam-nos Reale e Antiseri (2003, p. 22): "Solicitado pelos concidadãos a elaborar leis para a cidade – escreve uma fonte antiga – recusou-se, porque ela já caíra em poder da má constituição".

Além de seu desprezo pela plebe, Heráclito também manifestou sua repulsa pelos antigos poetas, pela religião e pelos filósofos do seu tempo. Segundo o depoimento de Diógenes Laércio, "[...] desde criança era alvo de admiração. Quando ainda jovem, dizia que não sabia nada; feito homem, declarou que sabia tudo. De ninguém aprendeu, mas, dizia, foi a si próprio que se procurou e tudo aprendeu de si mesmo" (Souza, 1996, p. 90).

Mesmo sem ter tido mestre, escreveu um tratado em forma de prosa, em dialeto jônico, intitulado *Sobre a natureza*, do qual vários fragmentos chegaram até nós. Essa obra foi constituída em forma de aforismas obscuros – um estilo literário criado propositadamente para que aqueles que não fossem iniciados nesse tipo de linguagem não pudessem compreender o que estava escrito: "para que dele se aproximassem

> Heráclito é um dos principais pensadores pré-socráticos e defendia a tese de que a única coisa que permanece no ser é que nada permanece imóvel e fixo (nem o próprio ser).

apenas aqueles que conseguiam e o vulgo permanecesse longe" (Reale; Antiseri, 2003, p. 22). Escreveu essa obra de maneira tão rebuscada que recebeu da tradição o apelido de *Skoteinós*, que significa "o obscuro".

Sem dúvida nenhuma é um dos principais pensadores pré-socráticos e sua importância se sobressai graças à sua contribuição sobre o problema da unidade que permanece no ser diante de tantas transformações e mutações das coisas na natureza. Heráclito defendia a tese de que a única coisa que permanece no ser é que nada permanece imóvel e fixo (nem o próprio ser). Esse é um aspecto fundamental da sua doutrina: tudo está em constante movimento, tudo se escorre, tudo se transforma, tudo muda, sendo que esse movimento constante se processa na luta entre os contrários.

Para fundamentar suas ideias, Heráclito nos explica, por meio de um de seus mais célebres fragmentos, que: "Não se pode entrar duas vezes no mesmo rio. Dispersa-se e reúne-se; avança e se retira" (Heráclito de Éfeso, citado por Borheim, 1998, p. 41). Reale e Antiseri nos ajudam a compreender a profundidade desse fragmento com a seguinte explicação:

> É claro o sentido desses fragmentos: o rio é "aparentemente" sempre o mesmo, mas, "na realidade", é constituído por águas sempre novas e diferentes, que sobrevêm e se dispersam. Por isso, não se pode descer duas vezes na mesma água do rio, precisamente porque ao se descer pela segunda vez já se trata de outra água que sobreveio. E também porque nós próprios mudamos: no momento em que completamos uma imersão no rio, já nos tornamos diferentes de como éramos quando nos movemos para nele imergir. Dessa forma, Heráclito pode muito bem dizer que nós entramos e não entramos no mesmo rio. E pode dizer também que nós somos e não somos, porque, para ser aquilo que somos em determinado momento, devemos não-ser-mais aquilo que éramos no momento anterior, do mesmo modo que, para continuarmos a ser, devemos continuamente não-ser-mais aquilo que somos em cada momento. E isso, segundo Heráclito, vale para toda realidade, sem exceção. (Reale; Antiseri, 2003, p. 23)

Heráclito defendeu também a existência de um *logos* que rege os acontecimentos das coisas no cosmos e que é o fundamento de uma harmonia universal, a qual é realizada em forma de tensões, assim como a tensão exercida no arco e na lira, uma tensão que produz beleza e que pode ser observada na natureza: "[...] o fogo vive a morte da terra e o ar vive a morte do fogo; a água vive a morte do ar e a terra a da água" (Heráclito de Éfeso, citado por Borheim, 1998, p. 43).

Servindo-se da figura do fogo, Heráclito estabelece a base de sua doutrina, afirmando que esse elemento da *physis* é gerador do processo cósmico. No fogo, tudo se desfaz e tudo muda: "o fogo se transforma em todas as coisas e todas as coisas se transformam em fogo, assim como se trocam as mercadorias por ouro e o outro por mercadorias" (Heráclito de Éfeso, citado por Borheim, 1998, p. 41). O pensador atribui ao fogo a natureza das coisas que nos são conhecidas, pois esse elemento representa o devir contínuo e, ao mesmo tempo, uma harmonia propiciada pelos contrários que nele se transformam, um fogo que governa todas as coisas.

Essas ideias culminam em sua tese da "harmonia dos contrários", afirmando que todas as coisas estão em um contínuo devir (movimento) que passa de um contrário ao outro: "o frio torna-se quente, o quente, frio, o úmido, seco, e o seco, úmido" (Heráclito de Éfeso, citado por Borheim, 1998, p. 43).

Heráclito associa essa teoria à guerra, uma guerra perpétua entre os contrários que tendem a se aproximar e a se afastar continuamente:

"A guerra é mãe de todas as coisas e de todas as coisas é rainha." Trata-se, porém, de uma guerra que, ao mesmo tempo, é paz, e de um contraste que é, ao mesmo tempo, harmonia. O perene escorrer de todas as coisas e o devir universal revelam-se como HARMONIA *de* CONTRÁRIOS, *ou seja, como perene pacificação de beligerantes,*

permanente conciliação de contendores (e vice-versa): "Aquilo que é oposição se concilia, das coisas diferentes nasce a mais bela harmonia e tudo se gera por meio de contrastes"; "harmonia dos contrários, como a harmonia do arco e da lira." Somente em contenda entre si é que os contrários dão sentido específico um ao outro: "A doença torna doce a saúde, a fome torna doce a saciedade e o cansaço torna doce o repouso"; "não se conheceria sequer o nome da justiça, se não existisse a ofensa." Essa "harmonia" e "unidade dos opostos" é o "princípio" e, portanto, Deus ou o divino: "Deus é dia-noite, é inverno-verão, é guerra-paz, é saciedade-fome." (Reale; Antiseri, 2003, p. 23, grifo do original)

A guerra, portanto, é considerada a grande geradora de todas as coisas existentes no cosmos e que, segundo nos descrevem Reale e Antiseri (2003), é também associada a um devir universal que se revela como **harmonia dos contrários**, como princípio, como *arché*, como Deus ou o divino.

Com essa explicação, terminamos nossa análise sobre a contribuição dos pensadores que pertenceram à região da Jônia. A partir do próximo tópico, discorreremos sobre as contribuições da Escola Pitagórica e sua busca pela construção de uma cosmologia.

3.1.2 Os pitagóricos

A **Escola Pitagórica** leva esse nome em função de seu fundador e principal expoente, o filósofo Pitágoras, cujo ponto alto da existência teria se dado por volta do ano 530 a.c., e cuja morte teria ocorrido no início do século V a.C. Embora nascido na ilha de Samos, na região da Jônia, Pitágoras teria vivido e transmitido sua doutrina em grande parte na cidade de Crotona – onde fundou um grupo de cientistas-religiosos – e em cidades da Itália meridional e da Sicília, conforme podemos perceber nos destaques da figura a seguir:

Figura 3.2 – Mapa da Grécia Antiga (destaques para as cidades pelas quais Pitágoras passou)

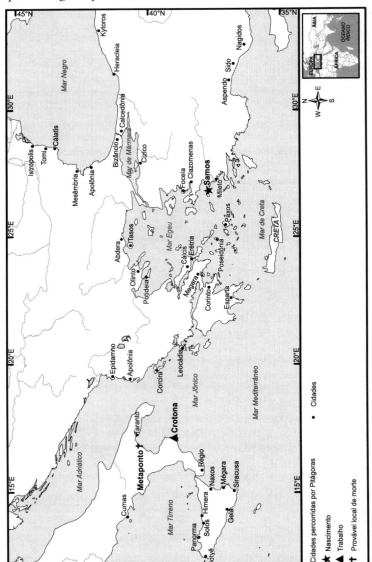

Fonte: Elaborado com base em Bernardes, 2014.

Os estudiosos de Pitágoras afirmam que não é possível determinar o que pertence à realidade e o que é lenda em relação à vida desse personagem, uma vez que ele tenha sido alvo de diversos relatos fantasiosos, especialmente a partir de suas viagens, que o levaram a tomar contato com diversos povos – inclusive os orientais. Todavia, atribui-se a ele a fundação de uma escola para iniciados e afirma-se que ele defendia uma filosofia que parece pertencer mais a uma ordem religiosa: "a doutrina era considerada secreta, e a transgressão desta norma acarretava excomunhão; tal teria sido o castigo de Hípaso" (Borheim, 1998, p. 47).

Além de religiosa e filosófica, a Escola de Pitágoras também teve uma participação notável no campo da política, destacando, por meio do seu ideal, "uma forma de aristocracia baseada nas novas camadas dedicadas especialmente ao comércio, que, como já dissemos, haviam alcançado elevado nível nas colônias, antes ainda do que na mãe-pátria" (Reale; Antiseri, 2003, p. 25).

Algumas curiosidades interessantes acerca da participação política em Crotona e a possível morte de Pitágoras são descritas por Reale e Antiseri (2003) e demonstram essa característica mencionada sobre o que é possível determinar como realidade ou como lenda a respeito do pensador:

> Conta-se que os crotonienses, temendo que Pitágoras quisesse tornar-se tirano da cidade, incendiaram o prédio em que ele se reunira com seus discípulos. Segundo algumas fontes, Pitágoras teria morrido nessas circunstâncias; segundo outros, porém, conseguiu fugir, vindo a morrer em Metaponto. (Reale; Antiseri, 2003, p. 25)

O posicionamento político aristocrático adotado por Pitágoras contribuiu, em geral, para a linha política admitida pelos tiranos da época, que desejavam enfraquecer a antiga aristocracia – que se autoproclamava descendente dos deuses que protegiam a *pólis*, considerados oficiais para os seus moradores – por meio da inserção de novos cultos religiosos populares e de origem estrangeira. As ideias religiosas e filosóficas difundidas por Pitágoras serviam muito bem a esse propósito, assim como o **orfismo**:

> Dentre as religiões de mistérios, de caráter iniciático, uma teve então enorme difusão: o culto de Dioniso, originário da Trácia, e que passou a constituir o núcleo da religiosidade órfica. O orfismo – de Orfeu, que primeiro teria recebido a revelação de certos mistérios e que os teria confiado a iniciados, sob a forma de poemas musicais – era uma religião essencialmente esotérica. Os órficos acreditavam na imortalidade da alma e na metempsicose, ou seja, a transmigração da alma através de vários corpos, a fim de efetivar sua purificação. A alma aspiraria, por sua própria natureza, a retornar a sua pátria celeste, às estrelas; mas, para se libertar do ciclo das reencarnações, o homem necessitava da ajuda de Dioniso, deus libertador que completava a libertação preparada pelas práticas catárticas. (Souza, 1996, p. 21)

Pitágoras realizou algumas modificações na religião órfica, sobretudo no tocante à questão acerca do que chamava de "via de salvação". Enquanto, no orfismo, essa via se concretizava pelo culto a Dionísio, para Pitágoras ela se tornava efetiva pela matemática.

Pitágoras criou uma doutrina cujo objetivo era encontrar a harmonia que preside o cosmos e, principalmente, tornar claras as regras que regem a vida individual e coletiva das cidades. Em suma, sua doutrina pode ser considerada uma continuidade à cosmologia dos filósofos da *physis*, que apresenta um princípio originário e harmonizador do cosmos.

> Partindo de ideias órficas, o pitagorismo pressupunha uma identidade fundamental, de natureza divina, entre todos os seres; essa similitude profunda entre os vários existentes era sentida pelo homem sob a forma de um "acordo com a natureza", que, sobretudo depois do pitagórico Filolau, será qualificada como uma "harmonia", garantida pela

presença do divino em tudo. Natural que, dentro de tal concepção, o mal seja sempre entendido como desarmonia. (Souza, 1996, p. 22, grifo do original)

Sua grande novidade foi trazer para o campo da ação humana da razão o fator determinante para a busca dessa harmonia e da purificação da alma, e não mais apelar para o caráter religioso-ritualístico defendido pelos órficos, que viam nos rituais dionisíacos essa possibilidade de harmonia. A razão humana teria a função de descobrir a estrutura numérica das coisas no cosmos e, consequentemente, a harmonia que adviria dessa estrutura. A partir de então, Pitágoras passou a defender a tese de que todas as coisas são números. Cotrim (2013) nos mostra que o filósofo de Samos chega a essa conclusão da seguinte maneira:

> *Conta-se que, para chegar a essa tese, primeiro teria percebido que à harmonia dos acordes musicais correspondiam certas proporções aritméticas. Supôs, então, que as mesmas relações se encontrariam na natureza. Unindo essa suposição aos seus conhecimentos de astronomia – com os quais podia, por exemplo, calcular antecipadamente o deslocamento dos astros – concebeu a ideia de um som harmônico, regido por relações matemáticas (teoria da harmonia das esferas).* (Cotrim, 2013, p. 209)

Decorre dessa forma de argumentação a sentença máxima de Pitágoras, de que o princípio fundamental do universo – ou seja, o *arché* – seria a estrutura numérica e matemática da realidade: **tudo são números**! É importante notarmos que, para Pitágoras, os números não são meros símbolos que expressam o valor das coisas, mas, ao contrário,

> A sentença máxima de Pitágoras dizia que o princípio fundamental do universo – ou seja, o *arché* – seria a estrutura numérica e matemática da realidade: tudo são números!

os números são reais, são entidades corpóreas formadas de unidades adjacentes que constituem a origem e a alma das coisas que existem no cosmos: "Assim, quando os pitagóricos falam que as coisas imitam os números estariam entendendo essa imitação *(mímesis)* num sentido perfeitamente realista: as coisas manifestariam externamente a estrutura numérica que lhes é inerente" (Souza, 1996, p. 23).

Dessa estrutura numérica decorrem problemas de ordem prática para os filósofos e matemáticos, tais como: unidade e multiplicidade, finito e infinito, par e ímpar, círculo e quadrado, reta e curva, direita e esquerda, macho e fêmea, bem e mal.

Assim, categorias biológicas (macho/fêmea), oposições cosmológicas (à direita/à esquerda – relativas ao movimento das "estrelas fixas" e ao dos "astros errantes"), éticas (bem/mal) etc., seriam, na verdade, variações da oposição fundamental, que determinaria a própria existência das unidades numéricas: a oposição do limite (FERAS) *e do ilimitado (ápeiron)* (Souza, 1996, p. 23, grifo do original)

Essa doutrina pitagórica dos números representa uma busca distinta dos outros filósofos da natureza em estabelecer um *arché*, atribuindo aos números (e não a um elemento da natureza propriamente dito) o princípio originador do cosmos.

Continuaremos nosso estudo sobre os filósofos pré-socráticos e a cosmologia antiga passando neste ponto da obra a focar nossa análise em torno dos filósofos da escola eleata.

3.1.3 Os eleatas

Todas as diferentes concepções de *cosmologia* que estudamos até agora nos chamam atenção para uma das características fundamentais da filosofia, que é a **constante argumentação** e **contra-argumentação**, um **processo dialético contínuo de teses e antíteses** que se estabelece entre os filósofos e as escolas filosóficas. Pontos de vistas diversos sobre um mesmo assunto ou tema: o *arché* é a água! O *arché* é o *ápeiron*! O *arché* é o ar! O *arché* é o fogo! O *arché* são os números!

Poderíamos nos perguntar, diante dessa multiplicidade de teorias sobre um mesmo assunto: por que tantas divergências de opiniões? Será possível chegarmos a uma conclusão final única? Quem estará certo, afinal?

Foram exatamente essas inquietações que despertaram, na cidade de Eleia, outro tipo de reflexão sobre a realidade, diferente do modo pelo qual os filósofos da natureza realizaram – e do qual Parmênides e Zenão são reconhecidos como os principais expoentes da chamada *Escola Eleata*. Não trabalharemos, nesta obra, o pensamento de Zenão de Eleia, não porque ele não seja importante para a filosofia antiga, mas por uma questão muito simples: escolha. Você, estudante de Filosofia, irá aprender que é preciso realizar escolhas ao longo dos seus estudos e, em razão da grande complexidade e quantidade de autores, não conseguirá estudar e compreender todos. Por isso, escolhemos Parmênides como representante da nossa análise do pensamento dos eleatas.

Parmênides revolucionou a cosmologia de seu tempo, inovando radicalmente os conhecimentos que recebeu de seus predecessores. Com ele, a cosmologia se transformou em ontologia, uma teoria do ser.

Parmênides nasceu de família nobre e alta posição social em Eleia, no sul da Itália, na Magna Grécia, no final do século VI a.C. e início do século V a.C. Político ativo, chegando a legislar para sua cidade, é considerado por muitos estudiosos o filósofo mais influente dos pré-socráticos, pois sua contribuição intelectual foi determinante no pensamento de filósofos posteriores, como Platão e Aristóteles, principalmente por suas reflexões pioneiras sobre o "ser", que culminariam posteriormente na criação da **lógica** e da **ontologia**.

Parmênides nos legou, juntamente com os fragmentos de Heráclito, um dos mais profundos escritos, também de difícil compreensão da filosofia pré-socrática. Do seu poema *Sobre a natureza*, dividido em três partes, chegou até nós todo o prólogo (proêmio), quase toda a primeira parte e apenas fragmentos da segunda parte, que nos dão uma demonstração de suas ideias filosóficas:

> *O poema de Parmênides divide-se em três partes:* O PROÊMIO, *rico em metáforas, descreve uma experiência de ascese e de revelação;* A PRIMEIRA PARTE *apresenta o conteúdo principal dessa revelação mostrando o que seria a "via da verdade";* A SEGUNDA PARTE *caracteriza a "via da opinião". A distinção fundamental entre os dois caminhos está em que, no primeiro, o homem se deixa conduzir apenas pela razão e é então levado à evidência de que "o que é, é − e não pode deixar de ser" (primeira formulação explícita do princípio lógico-ontológico de identidade). Já na segunda via, "os mortais de duas cabeças", pelo fato de atentarem para os dados empíricos, as informações dos sentidos, não chegariam ao desvelamento da verdade* (ALETHEIA) *e à certeza, permanecendo no nível instável das opiniões e das convenções de linguagem.* (Souza, 1996, p. 26, grifo nosso)

Parmênides revolucionou a cosmologia de seu tempo, inovando radicalmente o que recebeu de seus predecessores. Com esse pensador, a cosmologia se transformou em **ontologia**, uma teoria do ser. O objetivo dessa nova cosmologia era procurar desmascarar o equívoco que seus antecessores cometeram por dar uma importância muito grande aos dados fornecidos pelos sentidos. Parmênides fez uma distinção entre aquilo que era essencial e o que era aparente, e disse ainda que era contraditório atribuir um caráter essencial àquilo que fosse meramente aparente.

Dessa forma, afirmou que o *arché*, um princípio essencial do cosmos, não podia residir em um elemento volátil e aparente. Com efeito, buscou fundamentar que algo, para ser considerado um *arché*, deveria ser considerado essencial. E o essencial é aquilo que permanece sempre o mesmo, que não comporta em si mudança e movimento. E mais: não podia atribuir ao *arché* algo que é permanente e que, com o tempo, pudesse se converter ou se modificar em algo que não permaneceria sempre o mesmo (Souza, 1996, p. 26-27).

É diante desse contexto que podemos entender o poema de Parmênides, com um "sim" à razão e um "não" aos sentidos, que o faziam sentir a mudança e que, se existe o ser, não poderíamos conceber que um dia esse "ser" pudesse vir a "não ser".

Por intermédio da boca de uma deusa, que o acolhe afavelmente, Parmênides descreve sua experiência pelo famoso caminho que conduz os homens que sabem:

> 1. [. . .] Oh! Jovem, a ti, acompanhado por aurigas imortais, a ti, conduzido por estes cavalos à nossa morada, eu saúdo. Não foi um mau destino que te colocou sobre este caminho (longe das sendas mortais), mas a justiça e o direito. Pois deves saber tudo, tanto o coração inabalável da verdade bem redonda, como as opiniões dos mortais, em que não há certeza. Contudo, também isto aprenderás: como a diversidade das aparências deve revelar uma presença que merece ser recebida, penetrando tudo totalmente. 2. E agora vou falar; e tu, escuta as minhas palavras e guarda-as bem, pois vou dizer-te dos únicos caminhos de investigação concebíveis. O primeiro (diz) que (o ser) é e que o não-ser não é; este é o caminho da convicção, pois conduz à verdade. O segundo, que não é, é, e que o não ser é necessário; esta via, digo-te, é imperscrutável; pois não podes conhecer aquilo que não é – isto é impossível –, nem expressá-lo em palavra. [. . .] 6. Necessário é dizer e pensar que só o ser é; pois o ser é, e o nada, ao contrário, nada é: afirmação que bem deves considerar. (Parmênides, citado por Borheim, 1998, p. 54)

Parmênides escuta a voz da deusa e estabelece que "**o ser é**" e o "**não ser não é**". Vamos às explicações dessas afirmações.

Com a sentença "o ser é", procura-se transmitir a ideia de que o ser é a substância permanente das coisas e essa substância é eterna, sobrevive eternamente, permanecendo imutável e imóvel mesmo diante das diversas aparentes transformações que ocorrem na natureza. Com a sentença o "não ser não é", Parmênides traz a ideia de que o "não ser" é uma negação do "ser". O "não ser", portanto, não pode ser considerado "ser"; ele não tem substância, não é considerado uma essência e, portanto, não existe: "esta é uma conclusão lógica, pois se o ser é tudo, o não ser só pode não existir" (Cotrim, 2013, p. 211). Essa afirmação quer nos mostrar que, para Parmênides, o ser não pode ser identificado com a mudança, com o devir: "[...] pois mudar é justamente não ser mais aquilo que era, nem ser ainda algo que é" (Cotrim, 2013, p. 211).

Com essas afirmações, Parmênides estabelece algumas regras da **lógica**, que viriam a ser consolidadas mais tarde pelos teóricos dessa área do conhecimento, sobretudo Aristóteles. A tese da permanência do ser, defendida pelo filósofo eleata, é uma tentativa de se contrapor principalmente a Heráclito, que defendia a tese de que tudo está em constante movimento.

Esses dois autores, Parmênides e Heráclito, foram tão importantes para a filosofia antiga que pensadores posteriores tentaram, cada qual ao seu modo, conciliar essas teses altamente contraditórias por meio de diversas teorias. É o que veremos no tópico a seguir, com a Escola Atomista e seu principal representante, Demócrito.

Continuem atentos!

3.1.4 Os atomistas

A **Escola Atomista**, por meio da criação da teoria dos átomos, representa uma tentativa de resposta aos problemas que os eleatas propuseram. Vimos, no tópico anterior, que Parmênides se contrapõe a

Heráclito afirmando a permanência e a imutabilidade do ser, atribuindo aos sentidos o equívoco aparente que temos da noção de movimento (devir) e transformação das coisas, chegando à sua célebre conclusão de que "o ser é e o não ser não é". Os atomistas partilham da mesma ideia da impossibilidade da existência do "não ser", defendendo que o nascimento das coisas é apenas uma agregação de elementos que já existem, e o morrer, uma desagregação, uma separação desses elementos. Portanto, as coisas não nascem do "não ser", não nascem do nada, mas nascem de algo que já **é**, que já **existe**, nascem do "ser". Mas a que tipo de "ser" os atomistas se referem? Como o próprio nome da escola já denota, essas coisas que se agregam e se desagregam se chamam *átomos*.

Os principais nomes dessa escola são Leucipo e Demócrito. Muito pouco se sabe sobre a vida de Leucipo – alguns estudiosos chegam, inclusive, a duvidar de sua existência. Todavia, a tradição aristotélica atribui a Leucipo a criação da teoria do átomo, sempre associando a figura desse personagem com a de Demócrito. O único fragmento que chegou até os tempos atuais, e que é atribuído a Leucipo, seria supostamente um fragmento do capítulo *Sobre o espírito*, de um livro intitulado *A grande ordem do mundo*. "Nada deriva do acaso, mas tudo de uma razão e sob a necessidade" (Leucipo, citado por Borheim, 1998, p. 103). Diante disso, vamos trabalhar, neste tópico, a teoria dos átomos sempre nos referindo a Leucipo e a Demócrito, por compreendermos que os dois foram fundamentais para o desenvolvimento da filosofia na Antiguidade.

Demócrito nasceu em Abdera, cidade que se situa no litoral mediterrâneo entre as cidades da Macedônia e da Trácia (atualmente, nordeste da Grécia), por volta do ano 460 a.C., tendo vivido, provavelmente, até o ano de 370 a.C. Realizou diversas viagens, passando pelo Egito, Babilônia, Índia, Etiópia e também Atenas. Discípulo de Leucipo e autor de inúmeras obras – ainda que não se possa comprovar a autoria de todas elas –, Demócrito é o principal responsável pela aplicação da teoria do atomismo e de seus postulados em seu tempo.

Tomando como ponto de partida as preocupações filosóficas dos eleatas sobre o problema do movimento e da permanência do "ser", e principalmente da colocação de que a ideia de movimento, para esses pensadores, pressupõe o "não ser", Leucipo e Demócrito procuraram elaborar uma nova forma de explicação dessa tese, concluindo, de maneira contrária aos eleatas, que o "não ser" (em sentido corpóreo) existe. Qual foi o argumento utilizado e essa afirmação? Ora, o argumento foi que a realidade é composta de átomos e de vazio: Leucipo e Demócrito afirmaram, pela primeira vez na história do pensamento ocidental, que o vazio, ou seja, o "não ser", existe: é o vazio que permite o movimento dos átomos. Em outras palavras: é o "não ser" (vazio) que permite o movimento do "ser" (átomo). E, ainda, sem esse espaço vazio, o "ser" não poderia se mover de forma alguma (Souza, 1996, p. 40).

> Para os atomistas de Abdera, o átomo exemplifica o modo de pensar específico dos gregos, uma forma originária e indivisível.

Os átomos são partículas corpóreas fisicamente indivisíveis. Etimologicamente, *á-tomo* significa, em grego, o "não divisível", e, de certo modo, partículas incriadas, indestrutíveis e imutáveis.

> *Os átomos apresentavam ainda outras características: seriam plenos (sem vazio interno); em número infinito; invisíveis (devido à pequenez); móveis por si mesmos; sem nenhuma distinção qualitativa; apenas distintos por atributos geométricos – de forma, tamanho, posição (como N se distingue de Z) e, quando agrupados, distintos pelo arranjo (como AN se distingue de NA). Todo o universo estaria, portanto, constituído por dois princípios: o contínuo incorpóreo e infinito (o vazio), e o descontínuo corpóreo (os átomos). (Souza, 1996, p. 40, grifo do original)*

Embora a teoria dos átomos fosse aprofundada e transformada ao longo da história, Leucipo e Demócrito foram fundamentais para o desenvolvimento inicial desse conceito. Na atualidade, é comum relacionar a ideia de átomo mais às contribuições dos físicos modernos e contemporâneos do que a esses pensadores antigos. Gabriel Chalita (2005) nos chama a atenção para a importância da contribuição desses pensadores com uma nota explicativa em sua obra *Vivendo a filosofia*:

> *No século XIX, os cientistas retomaram a palavra grega átomo (aquilo que não pode ser dividido) para designar a menor partícula da matéria. Aproximavam-se, pois, da ideia defendida por Demócrito, mais de vinte séculos antes. Mais tarde, descobriu-se que a partícula modernamente chamada de átomo era, na verdade, formada por outras subpartículas (prótons, nêutron e elétrons). Mas o nome original estava consagrado e foi mantido. Evidentemente, não foi o filósofo grego responsável por um engano, como algumas pessoas chegaram a afirmar. Demócrito não conhecia aquilo que hoje os cientistas chamam de átomo, apenas formulou o conceito.* (Chalita, 2005, p. 41)

Diante disso, é importante notarmos que, para os atomistas de Abdera, o átomo exemplifica o modo de pensar específico dos gregos, uma forma originária e indivisível. Com essa teoria, os atomistas demonstram que a combinação dessas partículas indivisíveis (agregação dos átomos) explica o movimento e a formação dos fenômenos, assim como a ideia de **percepção** e **conhecimento**, procurando superar o posicionamento dos eleáticos e salvaguardar as noções de **verdade** e **opinião**.

> *A verdade é dada pelos átomos, que se diversificam entre si somente pelas diferentes determinações geométrico-mecânicas (figura, ordem e posição), bem como do vazio; os vários fenômenos ulteriores e suas diferenças derivam do diferente encontro dos átomos e do encontro posterior das coisas por eles produzidas com os nossos sentidos.* (Reale; Antiseri, 2003, p. 45)

Essa forma de argumentar foi considerada pelos estudiosos uma espécie de síntese entre Parmênides e Heráclito, uma síntese entre as posições contrárias que explicam a mutabilidade ou a imutabilidade do "ser", o movimento e a permanência trabalhada e discutida por esses seus antecessores. Desse modo, é possível percebermos que esse conceito de átomo se aproxima do "ser" de Parmênides: "os átomos dos abderitas, portanto, são a fragmentação do Ser-Uno eleático em infinitos 'seres-unos', que aspiram a manter o maior número possível de características do Ser-Uno eleático" (Reale; Antiseri, 2003, p. 44). Ao mesmo tempo, fica explicada a mudança e o movimento tão difundidos por Heráclito, que são captados pelos sentidos quando esses mesmos átomos são agrupados ou desagrupados.

Uma última ideia fundamental para compreendermos a teoria atomista é o fato de que Demócrito busca, juntamente com seu contemporâneo Sócrates, combater o relativismo dos sofistas* – sobretudo seu conterrâneo Protágoras, que defendia a ideia de que o homem é a medida de todas as coisas – por meio de um conhecimento da *physis* que é realizada:

> [...] *mediante a distinção entre dois tipos de conhecimento: o "bastardo", que seria o conhecimento sensível, a exprimir na verdade as disposições do sujeito antes que a realidade objetiva; e o conhecimento "legítimo", que seria a compreensão racional da organização interna das coisas, ou seja, a compreensão de que a* PHYSIS *do universo fragmentava-se na multidão de átomos corpóreos que se moviam no vazio infinito. Daí afirmar: "Por convenção (*NOMOS*) existe o doce; por convenção há o quente e o frio. Mas na verdade há somente átomos e vazio". Demócrito parece considerar, portanto, que o sujeito tem certa autonomia no ato de conhecer, na medida em que "traduz" qualitativamente (doce, amargo, frio, quente) o que no próprio objeto é*

---

*   Vamos explicar melhor quem foram os sofistas no próximo capítulo.

determinada constituição atômica. Aquela autonomia, porém, seria restrita: a liberdade de convencionar estaria limitada pelo tipo de átomo que compõe o objeto. (Souza, 1996, p. 41, grifo do original)

Tudo é feito de átomos! Os homens até podem convencionar certos conhecimentos, principalmente no que tange às coisas qualitativas, mas essa liberdade de convenção está limitada pelos átomos, que constituem o objetivo independentemente da medida humana.

Caro leitor, terminamos aqui nossa análise sobre os filósofos pré-socráticos. Sabemos da brevidade desse nosso exame e temos consciência de que existem diversos estudos e autores que foram deixados de lado por fugirem ao escopo da presente obra (a saber, de ser uma introdução aos estudos da filosofia antiga).

Contamos com a sua participação nessa etapa de sua formação filosófica para se aprofundar cada vez mais nos estudos dos fragmentos e da doxografia que está disponível nas obras em que buscamos nossas citações. Bons estudos!

Síntese

Neste capítulo, estudamos o pensamento dos primeiros filósofos no interior das escolas que eles fundaram – ou das quais apenas fizeram parte – e que contribuíram significativamente para o desenvolvimento do pensamento filosófico do período em que esses pensadores viveram. Vimos, ainda, que a filosofia não surgiu propriamente na Grécia, mas nas colônias gregas que ficavam na região da Ásia Menor e na Península Itálica (chamada de *Magna Grécia*), e que nas cidades de Mileto, Éfeso e Samos – colônias gregas da Ásia Menor – e de Eleia e Agrigento – colônias da Magna Grécia – surgiram as primeiras escolas filosóficas da Antiguidade Grega. Foi nessas colônias gregas que floresceu o pensamento filosófico, e as principais escolas fundadas na época levaram o nome de sua região ou de seu fundador. Estudamos também quais foram as principais escolas que surgiram no Período Arcaico da história da Grécia Antiga e quem foram seus principais expoentes: os jônicos, os pitagóricos, os eleatas e os atomistas.

Indicações culturais

SOUZA, J. C. de (Org.). **Os pré-socráticos:** fragmentos, doxografia e comentários. São Paulo: Nova Cultural, 1996. (Coleção Os Pensadores).

Esse volume da coleção *Os Pensadores* oferece uma seleção de textos e dados biográficos dos primeiros filósofos. A leitura é indicada, sobretudo, porque, por meio dela, podemos ter contato direto com fragmentos dos textos daqueles que em determinado momento da história tiveram a ousadia de pensar diferente e começaram a fazer ciência, teoria e filosofia.

CANAL FILOSÓFICO. **Os pré-socráticos**. 8 mar. 2014. Disponível em: <https://www.youtube.com/watch?v=Xc9LiBnOObY>. Acesso em: 10 set. 2015.

Esse vídeo do *Canal Filosófico* apresenta uma síntese do contexto e das principais preocupações dos filósofos pré-socráticos. Alguns temas merecem destaque no vídeo: o início da filosofia, o significado da expressão *pré-socráticos* e o caráter cosmológico da filosofia nos seus primórdios.

Atividades de autoavaliação

1. Com relação a Tales de Mileto e suas contribuições para a história da filosofia, analise as proposições a seguir:

   I. Tudo o que se conhece de Tales se deve aos seus principais escritos, que foram conservados na Biblioteca de Alexandria.

   II. Tales foi o primeiro a se preocupar com a questão de um princípio que origina todas as coisas no cosmos.

   III. Para Tales, que viveu por volta do final do século VII a.C. e início do VI a.C., o princípio originador de tudo é a água.

   IV. A questão principal estudada por Tales é o comportamento humano e sua atitude diante do universo.

   Estão corretas apenas as proposições:

   a) I e II.

   b) II e III.

   c) I e IV.

   d) III e IV.

2. No que diz respeito ao pensamento de Anaximandro e sua explicação para a origem das coisas, é correto afirmar que:

a) O Sol é a origem de tudo, pois sem ele a existência da Terra e tudo o que há nela seria impossível.

b) O *ápeiron*, elemento eterno e indefinido, que não nasce nem perece, é a fonte originária de todas as coisas no cosmos.

c) A terra é o princípio originador, uma vez que o próprio homem procede da terra e a ela volta quando termina sua existência.

d) O fogo, pelo seu movimento contínuo, constitui a substância primordial da qual procedem todas as outras coisas.

3. Sobre a explicação apresentada por Anaxímenes de Mileto para a origem do cosmos, marque (V) para verdadeiro e (F) para falso:

( ) Da mesma forma que Tales, Anaxímes acreditava que a água era a substância primordial que está na origem de tudo que existe.

( ) Anaxímenes, discípulo de Anaximandro, defendia a tese de que o ar infinito é o princípio originário de todas as coisas.

( ) Para Anaxímenes, uma grande explosão ocorrida há mais de dois bilhões de anos teria sido a causa do surgimento do universo.

( ) Segundo Anaxímenes, à semelhança de Anaximandro, a substância primordial deveria ser infinita.

Assinale a alternativa que contém a sequência correta:

a) V – V – F – F.

b) F – F – V – V.

c) V – F – V – F.

d) F – V – F – V.

4. Um dos mais conhecidos filósofos pré-socráticos foi Parmênides de Eleia. Qual foi a novidade que ele apresentou em relação aos seus predecessores?

   a) Defendeu a ideia da permanência do ser; portanto, o princípio originador não poderia ser algo que mudasse com o passar do tempo.

   b) Apontou um novo elemento primordial que seria a soma de todos os elementos antes indicados.

   c) Explicou que a mudança está na origem de tudo o que existe, pois o movimento é a razão de ser do universo.

   d) Evidenciou que o sistema solar é constituído pela união de planetas e satélites naturais que estão ligados a eles.

5. Assinale a alternativa que completa corretamente a sentença a seguir:

   Os atomistas defendem a impossibilidade da existência do "não ser", afirmando que o nascimento das coisas é apenas uma agregação de elementos que já existem. Esses elementos são os: _____.

   a) elétrons.

   b) prótons.

   c) átomos.

   d) ápeirons.

Atividades de autoaprendizagem

Questões para reflexão

1. Por que os primeiros filósofos são chamados de *filósofos da natureza*?

2. Como Tales justifica o fato de a água ser o princípio originador de tudo? Explique.

3. Qual foi a principal novidade de Parmênides no que diz respeito à cosmologia?

Atividade aplicada: prática

1. Faça uma pesquisa e leia os fragmentos de Demócrito, o defensor da teoria do átomo. Elabore, em seguida, uma síntese e, com seus colegas de classe, compare com as teorias do átomo que surgiram na Modernidade, procurando destacar as semelhanças e diferenças entre elas.

4

Sócrates e os sofistas

No século V antes da Era Cristã, Atenas chegava a seu esplendor cultural, político, social e intelectual. Esse período clássico da história da Grécia Antiga teve seu regime político constituído pela famosa **democracia**, segundo a qual os cidadãos podiam e deviam contribuir nas discussões e deliberações de suas leis nas Ekklesia *(assembleias populares)*.

Conforme vimos anteriormente, foi durante esse período que surgiram os principais personagens da filosofia: Sócrates, Platão e Aristóteles.

Sócrates representa o grande marco do pensamento filosófico, um verdadeiro divisor de águas – tanto que os filósofos que acabamos de estudar, os que vieram antes dele, são chamados de *pré-socráticos* e os posteriores, de *pós-socráticos*. Esse fato, por si só, já seria suficiente para demonstrar a importância desse grande homem. Sócrates viveu o esplendor da democracia grega e contribuiu para o desenvolvimento da racionalidade ocidental, principalmente em seus debates com um grupo de pessoas que eram chamadas de *sofistas*.

Neste capítulo procuraremos nos debruçar sobre a contribuição de **Sócrates**. Porém, ao mesmo tempo, abordaremos as ideias que serviram de base para o desenvolvimento da filosofia defendida pelos sofistas no Período Clássico. Essa é uma época em que as preocupações dos filósofos e sofistas mudaram seu foco, passando não mais à investigação das causas cosmológicas, mas a concentrar seus esforços intelectuais na compreensão de uma antropologia, na pergunta essencial sobre quem é o homem, mudança na qual os sofistas desempenharam um papel fundamental.

Com efeito, vamos também estudar as contribuições desses pensadores para o campo da ética, da política e de como o ser humano conhece as coisas (teoria do conhecimento). Você está preparado para mais um passo nesta aventura?

4.1

Os sofistas e a preocupação com o homem

Como falamos na introdução deste capítulo, a Grécia do século V a.C. vivia o auge de sua cultura. A democracia havia transformado as cidades-Estados gregas em grandes centros de debates dos seus cidadãos, substituindo a aristocracia pelo poder dos *demos**. Em Atenas, a principal *pólis* grega, os cidadãos determinavam, em discussões públicas, quais eram os rumos que a cidade deveria seguir no tocante às mais variadas áreas. Coincidiu que, nesse momento de esplendor cultural, o teatro grego ganhou força e passou a ser determinante para a formação do povo grego.

O teatro dessa época, baseado em tragédias e comédias, por meio de vários elementos míticos e dramáticos, tinha como objetivo demonstrar quais atos eram considerados moralmente bons e quais eram moralmente maus. Em suma, exercia uma forte influência na formação dos gregos e transmitia aos moradores das cidades os seus valores morais.

> O teatro da Grécia Clássica, baseado em tragédias e comédias, por meio de vários elementos míticos e dramáticos, tinha como objetivo demonstrar quais atos eram considerados moralmente bons e quais eram moralmente maus.

As deliberações políticas realizadas em plena praça pública, chamada de *ágora*, eram precedidas de discursos entre seus interlocutores. Como se tratava de uma democracia direta – ou seja, todos os cidadãos tinham voz nas *Ekklesias* (assembleia) –, os atenienses passaram a dar crédito aos discursos mais convincentes e persuasivos. Diante desse fator, aqueles que dispunham do dom da oratória convenciam mais pessoas do que os outros, pois seus discursos habilidosos persuadiam as pessoas a acreditarem naquilo que diziam (Cotrim, 2013, p. 219).

---

* Os *demos* surgiram na época de Clístenes: "sua administração estava embasada nos princípios da igualdade política dos cidadãos e da participação de todos nas decisões do governo. Concretamente, ele dividiu a sociedade ateniense em dez tribos, subdivididas em unidades político-administrativas menores, denominadas *demos*. Surgiu daí a palavra democracia, que significa 'poder das *demos*'" (Moraes, 2013, p. 100, grifo do original).

Muitas pessoas acabavam buscando aperfeiçoar suas habilidades discursivas; outras acabavam pagando para aqueles que sabiam "falar bem", que eram dotados das técnicas de oratória, para falar por eles. Essa necessidade de saber se expressar bem, aliada à importância que o indivíduo obteve nesse momento da história da Grécia – como senhor do seu próprio destino –, por conta desse campo de atividade que podia gerar lucros para aqueles que se expressavam de maneira convincente nas assembleias, favoreceu o surgimento de um grupo de pessoas que se proclamavam **sofistas**.

O termo *sofista* significa "sábio", um "especialista do saber", ou, ainda, "professor do saber" (Reale; Antiseri, 2003, p. 73). Embora, inicialmente, o termo fosse visto de maneira positiva, com as críticas de Sócrates, Platão e Aristóteles os sofistas acabaram ganhando um *status* pejorativo, sendo desvalorizados e associados à decadência do pensamento grego. Em sentido negativo, sofista significa "homem que emprega sofismas", ou seja, homem que se utiliza de argumentos aparentemente racionais para enganar as pessoas. Somente graças aos estudos realizados no século XX é que os sofistas começaram a ser reavaliados e compreendidos em sua real importância para o pensamento antigo.

Foi esse o primeiro grupo de pessoas a realizar uma verdadeira revolução nas preocupações filosóficas da filosofia antiga, deslocando suas análises da *physis* e da busca por um *arché* para se preocupar essencialmente com a problemática sobre quem é o homem, concentrando suas análises nos temas da ética, da política, da retórica e da educação. Com os sofistas, iniciou-se o **período antropológico** da filosofia antiga.

Mas quais foram as principais contribuições dos sofistas e as principais críticas que eles sofreram por parte de Sócrates, Platão e Aristóteles?

Para começarmos a responder à primeira parte da pergunta, trazemos as palavras de Giovanni Reale e Dario Antiseri (2003, p. 75):

Os sofistas souberam captar de modo perfeito essas instâncias da época conturbada em que viveram, sabendo explicitá-las e dar-lhes forma e voz. E isso explica por que alcançaram tanto sucesso, especialmente entre os jovens: eles respondiam a reais necessidades do momento, propondo aos jovens a palavra nova que esperavam, já que não estavam mais satisfeitos com os valores tradicionais que a velha geração lhes propunha nem com o modo como os propunha.

Os sofistas desempenharam um papel importante para a juventude grega. Com esses pensadores, a *areté* (virtude) aristocrática – na qual o bom era o forte – cede espaço a uma **virtude do cidadão**, que garante o direito de todos os homens livres de participar dos debates políticos. Os sofistas também elaboraram uma nova forma de *paideia* (educação), capaz de superar os ideais aristocráticos, na qual a retórica desempenharia um papel central na formação do povo grego.

Os principais sofistas foram, entre tantos, Protágoras, Górgias e Pródico. Além desses, podemos destacar ainda outros, como Hípias, Trasímaco e Hipódamos. Não iremos nos deter de modo específico em cada um deles, mas certamente iremos mencionar, ao longo dos próximos tópicos, esses e outros nomes, seja para servirem de interlocutores de Sócrates nas obras de Platão, seja nas descrições de Aristóteles.

Cabe ressaltarmos, neste ponto do texto, que esses sofistas iam e vinham de todas as partes do mundo grego. Trabalhavam como professores e mestres da retórica, gramática e dialética, desempenhando um papel fundamental na sistematização desses conhecimentos, não se fixando em lugar algum e cobrando para ensinar. Por conta desse último motivo, Sócrates e seus discípulos teceram sérias críticas. Além de cobrarem pelas aulas, eram acusados de proferirem discursos superficiais que buscavam, na interpretação de Cotrim (2013, p. 218-219, grifo do original), "transmitir a seus discípulos todo um **jogo de palavras,**

raciocínios e **concepções** úteis em um debate para driblar as teses dos adversários e convencer as pessoas".

Muitos cidadãos pagavam aos sofistas de bom grado para que eles ensinassem as técnicas do "falar bem". Com isso, eles acreditavam que conseguiriam convencer mais pessoas a votar a favor dos seus interesses pessoais nas assembleias. Essas características da sofística fizeram com que a ideia de *aletheia* (verdade) fosse relativizada: "para o relativismo não há uma verdade única absoluta (ou, se ela existe, não podemos conhecê-la). Assim, a 'verdade' seria algo relativo ao indivíduo, ao momento histórico, a um conjunto de fatores, circunstâncias e consensos dentro de uma sociedade" (Cotrim, 2013, p. 219).

Sócrates acusava os sofistas afirmando que eles não buscavam a verdade em seus discursos, mas apenas se contentavam em produzir "pseudoverdades", tais como enganar, persuadir e lucrar pela cobrança desses ensinamentos. Por isso os sofistas também eram chamados de "mercadores do saber", impostores e malabaristas de argumentos (Chaui, 2000, p. 43).

Ao fim dessa nossa breve análise sobre os sofistas, cabe ressaltarmos uma última ideia, a saber: não existe uma doutrina única para esse grupo de pensadores. O que existe são aspectos comuns entre os diversos sofistas que existiram e que exigiriam de nossa parte um estudo bem mais aprofundado para compreender as particularidades que os envolvem.

Vamos passar agora à análise da filosofia de Sócrates, grande marco para a filosofia e para o pensamento ocidental como um todo. Continue sua leitura atentamente!

4.2
Sócrates

Sócrates *é, sem* dúvida, a figura mais extraordinária da filosofia antiga. Filho de um escultor, chamado Sofronisco, e de uma parteira, chamada

Fenareta, Sócrates nasceu no ano de 470 a.C. e passou toda a sua vida em sua cidade natal, Atenas. Cotrim (2013, p. 220) nos chama a atenção para o fato de que essa é uma "dupla herança que o levou a buscar esculpir, simbolicamente, uma representação autêntica do ser humano e a ajudar seus discípulos a dar à luz suas próprias ideias".

Sócrates não deixou nenhum escrito. Ele acreditava que suas ideias fossem transmissíveis por meio do diálogo, de um processo dialético-oral, pela palavra viva, confiando seu pensamento aos seus discípulos, ensinando-os nos locais públicos de Atenas como um pregador leigo, encantando os atenienses de todas as idades, que paravam para ouvir seus discursos e ficavam fascinados.

Embora seu foco de reflexão fosse muito semelhante ao dos sofistas, que abandonaram as preocupações cosmológicas para se dedicar aos problemas do *antropos* (do homem), Sócrates se distinguia deles por realizar **ensino gratuito** – ou seja, não vendia saberes, não cobrava para ensinar, mas ensinava a todos que paravam para ouvir os seus discursos, principalmente os jovens – e, sobretudo, não aceitava o relativismo das ideias pregado pelos seus conterrâneos, discutindo ferozmente contra estes. Em suas discussões, buscava um fundamento sólido e único para os anseios dos cidadãos de seu tempo que almejavam compreender o que era o **bem**, a **virtude** e a **justiça**, enquanto os sofistas permaneciam em uma visão relativista baseados apenas em suas impressões sensoriais, ignorando a essência das coisas que serviriam de parâmetro para os nossos juízos no mundo empírico.

Quando eclodiu o conflito entre Atenas e Esparta – a famosa Guerra do Peloponeso –, Sócrates foi à guerra e demonstrou uma incrível bravura diante de seus conterrâneos, sobretudo atestando uma incansável resistência física. Durante um dos cercos, salvou a vida de um personagem que se destacou posteriormente como um famoso político e militar, eternizado nos diálogos de Platão (1987). Seu nome era Alcibíades, e o reconhecimento afetuoso desse guerreiro, atestado por Platão, nos mostra uma das características extraordinárias de Sócrates: fazer com que as pessoas ficassem totalmente impressionadas quando estavam ouvindo-o.

Em 432 a.C. explode o conflito entre Atenas e a outra cidade que com ela disputava a hegemonia do mundo grego: Esparta. Sócrates toma parte na guerra do Peloponeso e destaca-se pela bravura e pelas demonstrações de resistência física. Durante o cerco de Potideia, salva a vida de Alcibíades (c.450-404 a.C.), que se tornará político e militar famoso e discutido, além de dedicar a Sócrates – como Platão o faz declarar no BANQUETE *– um exaltado afeto. No mesmo diálogo, Alcibíades revela outro traço da personalidade de Sócrates que o tornava invulgar: certa vez, em Potideia, ele teria permanecido, durante 24 horas, imóvel e absorto em seus pensamentos, diante da estupefação dos soldados.* (Platão; Xenofonte; Aristófanes, 1987, p. 23)

Além de sua bravura durante os tempos de guerra, Sócrates demonstrou coragem também durante os períodos pacíficos:

Mas também em tempos de paz sua coragem foi demonstrada. Em 406 a.C, enfrentou a ira da multidão que exigia a condenação sumária dos generais tidos como responsáveis pelo desastre de Arginusas – quando a tempestade impediu que fossem recolhidos no mar, como estabelecia a lei, os corpos dos que pereceram no combate. Apesar das ameaças, Sócrates, sorteado para dirigir a assembleia escolhida para julgar os generais, fez prevalecer a lei, impondo que houvesse tantos julgamentos quantos eram os acusados. Noutra ocasião, quando o regime democrático foi provisoriamente interrompido pelo governo dos Trinta Tiranos, Sócrates arrostou a fúria desses oligarcas, ao recusar-se a participar da tentativa de sequestro dos bens de Leon de Salamina, o que considerava injusto. Diante de qualquer forma de governo e de qualquer autoridade constituída, Sócrates prestava primeiro obediência aos ditames de sua própria consciência. (Platão; Xenofonte; Aristófanes, 1987, p. 24)

Sócrates buscou, incansavelmente, durante toda a sua vida, compreender a essência do homem e chegou à conclusão de que o ser humano é a sua alma, ou seja, é aquilo que a sua alma abriga, a razão, as consciências moral e intelectual. Em outras palavras, Sócrates chega à conclusão de que o homem é um ser dotado de razão e essa capacidade é o que nos distingue dos outros seres.

A partir dessa primeira premissa, Sócrates definiu um dos principais pontos de sua filosofia: "conhece-te a ti mesmo!". Aqueles que desejavam conhecer a verdade e fugir do relativismo pregado pelos sofistas deveriam buscar o autoconhecimento, conhecer a sua própria essência, que é a razão, seu eu consciente. Sócrates retirou essa ideia do Oráculo de Delfos e passou a determiná-la como uma orientação básica e fundamental para todos os seus discípulos: eles deveriam fazer de si mesmos o seu próprio ponto de partida para conhecer as coisas do seu entorno e buscar a sabedoria.

> Sócrates chega à conclusão de que o homem é um ser dotado de razão e essa capacidade é o que nos distingue dos outros seres.

O oráculo de Delfos representou um fator decisivo para Sócrates, não somente pela inscrição "conhece-te a ti mesmo", que estava gravada em sua entrada, mas por revelar ao seu amigo Querofonte uma declaração que marcaria profundamente o resto da existência desse grande filósofo. Pela boca da pitonisa, uma sacerdotisa de Apolo, Querofonte testemunhara que Sócrates era o homem mais sábio entre os vivos:

> *Mas o fato que teria marcado, de forma decisiva, o resto de sua existência foi, segundo ele mesmo afirma na Apologia, a declaração, pelo oráculo de Delfos a seu amigo Querofonte, de que ele era o mais sábio dos homens. Logo ele, sem nenhuma especialização, ele que estava ciente de sua ignorância? Logo ele, numa cidade repleta de artistas, oradores, políticos, artesãos? Sócrates parece ter meditado bastante tempo, buscando o significado das palavras da pitonisa.* (Platão; Xenofonte; Aristófanes, 1987, p. 24)

Logo Sócrates, que reconhecia sua própria ignorância, seria o mais sábio dos homens? O filósofo conclui que a sabedoria não residia em tudo saber, mas sim em saber que nada sabia: "só sei que nada sei!". Uma consciência de sua própria ignorância é o que o torna sábio, esse era o começo de seu autoconhecimento. O filósofo entendeu nessas palavras profetizadas pela pitonisa que teria uma missão a cumprir na terra: a missão conduzir os seus concidadãos e sábios contemporâneos ao reconhecimento da própria ignorância (Platão; Xenofonte; Aristófanes, 1987, p. 24).

Embora alguns estudiosos possam colocar em dúvida a existência de Sócrates, por não haver escritos de sua própria autoria – o que poderia servir de fundamento para justificar tal negação – e por acreditarem que Sócrates não tenha passado de um personagem fictício criado por Platão em seus diálogos, podemos nos remeter a, pelo menos, três fontes principais que nos atestam a existência do homem mais sábio de Atenas: os textos militares de Xenofonte, os textos cômicos de Aristófanes e os diálogos de Platão. Essa questão constitui um problema filosófico que exige sempre uma capacidade crítica do leitor desses textos:

> *O próprio Sócrates nada deixou a respeito de suas atividades e de seu pensamento. Como Jesus, ele nada escreveu e as principais informações que se têm sobre sua vida e sobre seu ensinamento provêm de textos de discípulos, que podem ter retratado o mestre com os excessos ditados pela admiração e pelo afeto. Além disso, há discrepâncias entre esses diferentes perfis – o que gera um problema sério para os historiadores da filosofia. Por outro lado, Sócrates aparece caricaturado em algumas comédias de Aristófanes (c.448-385 a.C.), seu contemporâneo, que o utiliza, em parte, como protótipo dos filósofos que especulavam sobre os fenômenos celestes ou que, com artifícios retóricos, "faziam passar por boa uma causa má". Na APOLOGIA DE SÓCRATES, escrita por Platão, o próprio Sócrates, durante seu julgamento, é levado a rebater esse seu retrato feito "por um certo poeta cômico", Aristófanes. Mas o fato é que o Sócrates de que se*

tem notícia através dos textos antigos surge como um rosto diversamente refletido por diferentes espelhos. Quais os que o deformam, exagerando-lhe ou modificando-lhe os traços? Onde a face verdadeira? (Platão; Xenofonte; Aristófanes, 1987, p. 16, grifo do original)

Cabe aos leitores desses textos filosofarem de maneira crítica para conseguir depurar e encontrar a verdadeira face desse personagem. Nosso objetivo nesta obra não é demonstrar os pormenores dessa discussão, mas apenas apresentar de modo introdutório alguns aspectos que não podem ser deixados de lado em nossos estudos de filosofia antiga. Desse modo, cabe a nós, neste momento, ressaltar principais contribuições de Sócrates para o desenvolvimento da filosofia e, principalmente, da questão antropológica a que ele se propõe, juntamente com sua missão de levar os cidadãos atenienses a reconhecer sua própria ignorância por meio do autoconhecimento.

É sabido que nem sempre as pessoas conseguem reconhecer sua ignorância de maneira fácil e pacífica. Sendo assim, como então Sócrates conseguiu realizar essa missão? De que instrumento se serviu?

Certamente que a resposta para essa pergunta repousa na explicitação do método criado por ele, a **maiêutica**, ou **método dialético socrático**. Sócrates chegou à conclusão de que era necessário, para atingir seu objetivo, conduzir as pessoas a esse processo. O filósofo criou seu método dividindo-o em dois momentos básicos: momento da **ironia** e momento da **maiêutica** propriamente dita (Aranha; Martins, 2013, p. 117). Como funciona esse processo? Vamos à explicação.

Na primeira parte desse método, a parte da ironia, Sócrates interrogava seu interlocutor acerca de um tema que eles supunham saber e se colocava sempre na posição de quem nada sabia, pedindo que lhes explicassem e partilhassem a imensa sabedoria que tinham com ele. O pensador fazia perguntas aos interlocutores e, a cada resposta que eles davam, Sócrates lhes mostrava falhas de raciocínio e elaborava novas questões. O objetivo desse procedimento era evidenciar as contradições nos argumentos de cada interlocutor e tornar conhecida a ignorância de cada um, os quais se achavam grandes conhecedores de tais temas. Essa ironia era, no fundo, uma forma de disfarce que Sócrates utilizava para poder demonstrar a ignorância das pessoas – e isso deixava seus interlocutores com muita raiva.

Na segunda parte do método, relativa à maiêutica, Sócrates realizava o parto das ideias. A palavra *maiêutica* significa "ciência ou arte do parto" (Houaiss, Villar, 2009). Sua mãe era uma parteira e, muito provavelmente, Sócrates se inspirou na atividade da genitora para demonstrar que o verdadeiro conhecimento está dentro de cada um. Só é preciso um pouco de ajuda para trazê-lo à luz, assim como a parteira faz com a mulher que está parindo um filho: ela apenas ajuda a dar à luz aquilo que já está dentro da mulher. Sócrates, da mesma forma, ajudava seus interlocutores a fazerem nascer as ideias que já estavam dentro deles.

> Sócrates morreu em 399 a.C., com 71 anos, após ser julgado e condenado à morte via envenenamento por cicuta, sob a acusação de impiedade e por corromper a juventude com suas ideias subversivas.

Após destruir os argumentos e detectar as falhas de raciocínio em que estavam envoltos, Sócrates, seguindo o mesmo formato de perguntas e respostas, conduzia seus interlocutores à construção de suas próprias ideias. Guiava-os em direção à sua própria essência, à sua alma, à razão, adquirindo, então, uma existência verdadeira e original.

Sócrates morreu em 399 a.C., com 71 anos, após ser julgado e condenado à morte via envenenamento por cicuta – segundo as leis de Atenas –, sob a acusação de impiedade (não acreditar nos deuses do Estado e apresentar novos deuses) e por corromper a juventude com suas ideias subversivas. Quem descreveu os últimos momentos de Sócrates, antes de tomar cicuta, foi Platão, em seu diálogo intitulado *Apologia de Sócrates* (Platão; Xenofonte; Aristófanes, 1987, p. 10). Embora ao longo da história tenham sido levantadas algumas dúvidas sobre a veracidade dessa narrativa, podemos dizer que essa obra é o mais confiável e fiel relato dos últimos momentos da vida de Sócrates. No texto citado, dividido em três partes, Platão procura inicialmente examinar e refutar as acusações que Sócrates recebeu dos representantes das três principais categorias de cidadãos de Atenas – Meleto, pelos poetas, Ânito, pelos artífices, e Lícon, pelos políticos – e, fundamentalmente, descrever o verdadeiro significado da missão que seu mestre recebeu no Oráculo de Delfos. Platão escreve que o próprio Sócrates proclama aos cidadãos que o estavam julgando:

Não tenho outra ocupação senão a de vos persuadir a todos, tanto velhos como novos, de que cuideis menos de vossos corpos e de vossos bens do que da perfeição de vossas almas, e a vós dizer que a virtude não provém da riqueza, mas sim que é a virtude que traz a riqueza ou qualquer outra coisa útil aos homens, quer na vida pública quer na vida privada. Se, dizendo isso, eu estou a corromper a juventude, tanto pior; mas, se alguém afirmar que digo outra coisa, mente. (Platão; Xenofonte; Aristófanes, 1987, p. 10)

Essa exortação para cuidar das almas mais do que dos corpos foi interpretada por seus acusadores como uma corrupção da juventude. Com seu jeito irônico de ser, ao dialogar com seu acusador Meleto, Sócrates deixa-o tão embaraçado a ponto de seu próprio acusador não saber dizer claramente o que realmente era bom ou mau para os jovens. Esse jeito irônico e sarcástico de Sócrates certamente foi um dos elementos responsáveis por causar a ira de seus detratores. Todavia, o homem mais sábio de Atenas não se dobrou ao medo da morte e suportou tudo com dignidade, não buscando em qualquer momento misericórdia, nem mesmo fugir desse seu destino.

Sócrates podia, pelas leis de Atenas, salvar-se, propondo outra pena que não a morte – por exemplo, poderia aceitar ficar quieto, silenciar-se, ser banido de Atenas, pagar algumas moedas. A própria assembleia que o condenou ficaria aliviada se o próprio Sócrates propusesse isso, pois era um homem de bravura comprovada, combatente dos tiranos, defensor da democracia. Bastava deixar de lado sua missão e parar de importunar os grandes sábios de Atenas, mas Sócrates não quis isso. Antes de ser executada sua condenação, ele declarou que é melhor a morte do que uma vida na qual não se pode questionar e refletir, ou melhor, na qual não se pode usar a razão ou usar nossa própria essência. Para não abrir mão de seu ideal de vida, Sócrates preferiu a morte.

Esse pensador tinha uma concepção própria de morte e afirmava que mais difícil do que evitá-la é evitar o mal, compreendendo a morte da seguinte maneira:

> Quanto a esta [a morte], apenas pode ser uma destas duas coisas: "Ou aquele que morre é reduzido ao nada e não tem mais qualquer consciência, ou então, conforme ao que se diz, a morte é uma mudança, uma transmigração da alma do lugar onde nos encontramos para outro lugar. Se a morte é a extinção de todo sentimento e assemelha-se a um desses sonos nos quais nada se vê, mesmo em sonho, então morrer é um ganho maravilhoso. [...] Por outro lado, se a morte é como uma passagem daqui para outro lugar, e se é verdade, como se diz, que todos os mortos aí se reúnem, pode-se, senhores juízes, imaginar maior bem?" Apoiado nessas hipóteses – as únicas existentes a respeito de um fato que não permite certezas racionais –, o setuagenário Sócrates despede-se, tranquilo, de seus concidadãos: "Mas eis a hora de partirmos, eu para a morte, vós para a vida. Quem de nós segue o melhor rumo, ninguém o sabe, exceto o deus". (Platão; Xenofonte; Aristófanes, 1987, p. 13)

Até mesmo antes de seu último suspiro, Sócrates ironizou seus concidadãos e instigou-os no espírito crítico da filosofia, fazendo-os questionar sobre quem teria a melhor sorte: quem estava morrendo ou quem estava permanecendo na terra dos vivos? Recusando a fuga que seus discípulos organizaram, Sócrates caminhou serenamente para o fim de sua vida, dizendo que a coisa mais importante para ele era viver a vida honestamente, sem injustiças: "Imperturbável, Sócrates toma o vaso que lhe é oferecido, de um só gole bebendo todo o veneno. Os amigos soluçam. Mas ele ainda os anima: 'Não, amigos, tudo deve terminar com palavras de bom augúrio: permanecei, pois, serenos e fortes'" (Platão; Xenofonte; Aristófanes, 1987, p. 15). Essa cena final da apologia de Sócrates foi representada em 1787 na obra do pintor Jacques-Louis David, intitulada *A morte de Sócrates*.

Figura 4.1 – A morte de Sócrates

Fonte: David, Jacques-Louis. **A morte de Sócrates**. 1787. Óleo sobre tela, 129,5 cm × 196,2 cm. Metropolitan Museum of Art, Nova Iorque

Wikimedia Commons

Com essas palavras finais, cremos ter cumprido o nosso objetivo de explicar alguns aspectos que julgamos fundamentais para o estudioso que está se iniciando na história da filosofia antiga. Sabemos que muitas obras e ideias foram escritas ao longo da história em torno desse incrível pensador e que foge do nosso objetivo detalhá-las aqui, mas esperamos que ao menos tenham ficado claras as breves linhas descritas sobre Sócrates em nossa obra.

Passaremos, a seguir, à análise dos conceitos que remontam a Platão, o discípulo predileto de Sócrates, principal responsável pela estruturação do pensamento de seu mestre e pela elaboração de um arcabouço teórico de extrema importância para o pensamento ocidental.

Síntese

Neste capítulo vimos que Atenas chegou ao seu esplendor cultural, político, social e intelectual por volta do século V a.C. É nesse período que surgiram os principais personagens da filosofia: Sócrates, Platão e Aristóteles. Estudamos o pensamento de Sócrates, que representa o grande marco do pensamento filosófico, um verdadeiro divisor de águas, que viveu o esplendor da democracia grega e contribuiu para o desenvolvimento da racionalidade ocidental, principalmente em seus debates com um grupo de pessoas chamadas *sofistas*.

Debruçamo-nos também sobre a contribuição dos sofistas, que desempenharam papel fundamental em mudar o foco da discussão dos seus antecessores, passando não mais da investigação das causas cosmológicas para a compreensão de uma antropologia, baseada na pergunta essencial sobre quem é o homem. Estudamos, por fim, as contribuições desses pensadores para o campo da ética, da política e de como o ser humano conhece as coisas (teoria do conhecimento).

Indicações culturais

SÓCRATES. Direção: Roberto Rossellini. Itália: RAI, 1971. 120 min. Esse longa-metragem, dirigido pelo cineasta italiano Roberto Rossellini, é a cinebiografia de Sócrates (469 a.C.-399 a.C.), um dos maiores filósofos de todos os tempos. Lançado em 1970 e originalmente produzido para televisão italiana, o filme mostra o final da vida de Sócrates. Basicamente, a produção é composta quase que totalmente por diálogos que têm como base os escritos de Platão, uma vez que Sócrates nada deixou registrado.

STRATHERN, P. **Sócrates em 90 minutos**. Rio de Janeiro: J. Zahar, 1998.

Esse livro de Paul Strathern faz parte da coleção *Filósofos em 90 minutos* e apresenta, com linguagem irreverente, a vida e o pensamento do criador do método maiêutico. A obra traz, na introdução, uma excelente contextualização que auxilia na compreensão do pensamento do filósofo em questão. Como os demais livros que fazem parte dessa coleção, esse material está direcionado especialmente para o público jovem e busca seduzir o leitor a mergulhar no mundo da filosofia e de seus personagens. É um excelente conteúdo para se iniciar no estudo dos grandes pensadores.

Atividades de autoavaliação

1. Sobre as razões do sucesso da ação dos sofistas, principalmente com os jovens de sua época, analise as proposições a seguir:

    I. Eles desvendaram o enigma da substância primordial e chegaram a uma teoria cósmica totalmente original.

    II. Eles propuseram uma nova concepção de educação na qual a retórica ocupa um lugar fundamental.

    III. Eles foram os primeiros a se preocupar realmente com a explicação da origem das coisas e em transmiti-la aos jovens do seu tempo.

    IV. Eles respondiam a reais necessidades do momento, propondo aos jovens a palavra nova que esperavam.

    Estão corretas apenas as proposições:

    a) I e II.

    b) II e III.

    c) II e IV.

    d) I e IV.

2. Marque (V) para verdadeiro e (F) para falso:

Entre os principais motivos que levaram Sócrates e seus discípulos a criticar seriamente o trabalho dos sofistas, aponta-se:

( ) O fato de os sofistas cobrarem para oferecer seus ensinamentos.

( ) O fato de, com seus ensinamentos, tornarem as pessoas mais críticas.

( ) O falto de fazerem uso de discursos superficiais para convencer as pessoas.

( ) O fato de colaborarem na educação ética e política do povo grego.

a) V – F – V – F.

b) F – V – F – V.

c) V – V – F – F.

d) F – F – V – V.

3. Sobre as razões apontadas para o fato de Sócrates não ter deixado escritos sobre seu pensamento, é correto afirmar que:

a) Apesar de ter grande habilidade para falar, Sócrates não dominava a arte da escrita grega.

b) Sócrates acreditava que a filosofia deveria se realizar pela palavra viva e de modo dialético.

c) Os discípulos de Sócrates assumiram para si a autoria dos escritos socráticos após a morte do mestre.

d) Platão modificou os escritos socráticos de modo que jamais puderam ser reconhecidos como autênticos.

4. No que diz respeito às semelhanças e diferenças entre a atuação de Sócrates e os sofistas, analise as proposições a seguir:

I. Da mesma forma que os sofistas, Sócrates volta sua atenção para questões antropológicas.

II. Os sofistas valorizavam o diálogo falado, ao passo que Sócrates valorizava mais a escrita de textos filosóficos.

III. Tal como os sofistas, Sócrates deixou grandes textos para a posteridade e que registram seus ensinamentos.

IV. Os sofistas cobravam por seu ensino, ao passo que Sócrates o oferecia gratuitamente àqueles que o buscavam.

Estão corretas apenas as proposições:

a) I e II.

b) II e III.

c) II e IV.

d) I e IV.

5. Assinale a alternativa que apresenta corretamente os dois momentos do método socrático:

a) Análise e síntese.

b) Ironia e maiêutica.

c) Objeções e repostas.

d) Diálogo e conclusões.

Atividades de autoaprendizagem

Questões pra reflexão

1. Comente as principais contribuições dos sofistas e as principais críticas que eles receberam de Sócrates e seus discípulos.

2. Com base na leitura deste capítulo, explique a compreensão socrática de *homem*.

3. No contexto abordado neste capítulo, como compreender a expressão socrática "só sei que nada sei"?

Atividade aplicada: prática

1. Assista ao filme *Sócrates* – sugerido na seção "Indicações culturais" e dirigido pelo renomado cineasta italiano Roberto Rossellini – e produza uma resenha que priorize a análise das preocupações de Sócrates com as questões antropológicas e sua relação com a política. Na sequência, compartilhe o resultado da sua resenha com seus colegas nas redes sociais.

5

Platão e a primazia do ideal

Enquanto Sócrates leva a fama de ser o nome principal da filosofia na Grécia Antiga, certamente Platão e Aristóteles foram os responsáveis pela organização desse tipo de conhecimento. Como foi dito anteriormente, tudo o que sabemos de Sócrates foi transmitido por seus discípulos, pois o pensador não deixou qualquer escrito, sendo Platão uma das principais fontes que nos ajudam a compreender realmente seu verdadeiro espírito filosófico. Embora Aristóteles não seja contemporâneo de Sócrates, teve um papel fundamental na sistematização dos conhecimentos que foram desenvolvidos tanto no período cosmológico (pré-socrático) da filosofia como no período antropológico (socrático).

Neste capítulo e no próximo vamos conhecer aspectos da contribuição desses dois pensadores que constituem, sem exagero nenhum, os alicerces de todo o pensamento ocidental, dos tempos mais remotos aos tempos atuais.

Fique ligado!

5.1
Platão

Nascido de uma família nobre* em Atenas, no ano de 428 a.c., Arístocles, mais conhecido como Platão (apelido dado a ele por conta de seu porte atlético, que significa "ombros largos"), foi contemporâneo de Sócrates e se destacou como seu discípulo predileto. A data de seu nascimento é significativa, pois um ano antes havia falecido Péricles, o grande representante político que foi símbolo do esplendor da cultura grega na Antiguidade. Significativa foi também a data de sua morte, em 348 a.c., dez anos antes de estourar a famosa Batalha de Queroneia, que tornou o Rei Filipe II da Macedônia o conquistador do mundo grego: "A vida de Platão transcorreu, portanto, entre a fase áurea da democracia ateniense e o final do período helênico: sua obra filosófica representará, em vários aspectos, a expansão de um pensamento alimentado pelo clima de liberdade e de apogeu político" (Platão, 1991, p. 11).

Influenciado inicialmente por Crátilo e pelas ideias de Heráclito, sobretudo sobre a impossibilidade de um conhecimento científico

---

* "Filho de Ariston e de Perictione, Platão pertencia às tradicionais famílias de Atenas e estava ligado, sobretudo pelo lado materno, a figuras eminentes do mundo político. Sua mãe descendia de Sólon, o grande legislador, e era irmã de Cármides e prima de Crítias, dois dos Trinta Tiranos que dominaram a cidade durante algum tempo. Além disso, em segundas núpcias, Perictione casara-se com Pirilampo, personagem de destaque na época de Péricles" (Platão, 1991, p. 11).

universal decorrente das constantes transformações e modificações às quais as coisas estavam sujeitas, teve no encontro com seu mestre Sócrates o grande acontecimento de sua vida e na morte do filósofo, o grande desencanto com a democracia grega, pois os homens que conduziam a política naquela época foram os responsáveis por cometer essa injustiça com o mais sábio e mais justo dos homens. Uma das principais lições aprendidas com seu mestre foi a necessidade de fundamentar qualquer ação humana em conceitos racionais, lógicos, claros e seguros. Platão pertencia ao grupo dos seguidores de Sócrates tendo como objetivo não a filosofia em si: eles não queriam aprender a filosofar. Esse grupo de seguidores queria, por meio da filosofia, preparar-se melhor para participar da vida política.

Todavia, essa experiência política com a morte de Sócrates pelos democratas não foi o primeiro contato com a política que Platão experimentara. Antes disso, ele já havia vivenciado uma forte frustração com a política quando seus parentes, Cármides e Crítias, assumiram o poder para participar do governo aristocrático ateniense – e viu de perto esses cidadãos em quem confiava se utilizarem de métodos violentos e facciosos (Platão, 1991, p. 13). Diante dessas desilusões, Platão – mesmo compreendendo que filosofia e política estiveram sempre em uma relação intrínseca, chegando mesmo a afirmar em uma de suas cartas aos seus parentes e ao amigo Dion, de Siracusa, que os males da humanidade cessarão somente quando os líderes políticos do governo forem filósofos, ou começarem a filosofar – decidiu se afastar da política de maneira militante.

Depois da morte de seu mestre, Platão procurou desenvolver o seu próprio pensamento filosófico, embora, na maioria das vezes, não seja possível delimitar o que é propriamente platônico ou o que é socrático em suas obras. Essa dificuldade decorre de seu estilo literário, que é baseado em diálogos, tomando Sócrates como seu personagem principal.

Platão empreendeu diversas viagens que o colocaram em contato com diferentes pensadores e ideias que influenciavam fortemente a formação de sua filosofia e de seus diálogos:

Visita Megara, onde Euclides, que também pertencera ao grupo socrático, fundara uma escola filosófica, vinculando socratismo e eleatismo. Vai ao sul da Itália (Magna Grécia), onde convive com Arquitas de Tarento. O famoso matemático e político pitagórico dá-lhe um exemplo vivo de sábio governante, que ele depois apontará, na República, como solução ideal para os problemas políticos. Na Sicília, em Siracusa, conquista a amizade e a inteira confiança de Dion, cunhado do tirano Dionísio. Essa ligação com Dion – talvez o mais forte laço afetivo da vida de Platão – representa também o início de reiteradas tentativas para interferir na vida política de Siracusa. Platão visita ainda o norte da África, mas de sua ida ao Egito quase nada se sabe com segurança. Certo é que, em Cirene, inteirou-se das pesquisas matemáticas desenvolvidas por Teodoro, particularmente as referentes aos "irracionais" (grandezas, como $\sqrt{2}$, cujo valor exato não se podia determinar). Os irracionais matemáticos inspirarão várias doutrinas platônicas, pois representam uma "justa medida" que nenhuma linguagem consegue exaurir. (Platão, 1991, p. 13-14)

É durante esse período de viagens que escreveu a *Apologia de Sócrates*, narrando os últimos momentos da vida de seu mestre, e tentou colocar em prática – principalmente em suas idas para Siracusa – a sua teoria do governante filósofo. Depois de pelo menos três tentativas, não conseguiu persuadir os soberanos de Siracusa da importância do filósofo-rei e acabou sendo vendido pelo tirano Dionísio como escravo a um embaixador espartano na cidade de Egina, sendo resgatado a tempo por um de seus amigos, Aniceris de Cirene, que se encontrava na metrópole grega (Reale; Antiseri, 2003, p. 133).

Ao voltar para Atenas, Platão decidiu fundar a Academia, uma escola que se situava exatamente no local dedicado ao grande herói grego Academos (do qual provém o termo *academia*), nos arredores de Atenas, e que fora inspirada nas escolas pitagóricas. A Academia platônica ensinava filosofia e matemática a seus alunos – entre os quais também havia diversas mulheres, o que representava um grande avanço para a época.

Platão torna-se o primeiro dirigente de uma instituição permanente, voltada para a pesquisa original e concebida como conjugação de esforços de um grupo que vê no conhecimento algo vivo e dinâmico e não um corpo de doutrinas a serem simplesmente resguardadas e transmitidas. O que se sabe das atividades da Academia, bem como a obra escrita de Platão e as notícias sobre seu ensinamento oral, testemunham sobre essa concepção da atividade intelectual: antes de tudo busca a inquietação, reformulação permanente e multiplicação das vias de abordagem dos problemas, a filosofia sendo fundamentalmente filosofar – esforço para pensar mais profunda e claramente. (Platão, 1991, p. 15)

A Academia de Platão rapidamente ganhou prestígio e *Menon* foi o primeiro diálogo publicado para divulgar a nova escola fundada pelo discípulo predileto de Sócrates, que angariou rapidamente diversos seguidores e alunos, desde jovens até homens ilustres de Atenas. Platão escreveu, ao todo, 36 obras nas quais expressa seu pensamento filosófico e, embora não possamos dar a autoria de todas as produções a Platão, podemos perceber certas características em comum em todos os escritos.

Uma dessas características é que os diálogos de Platão são, geralmente, diálogos de diferentes temas entre Sócrates e seus interlocutores, que são os responsáveis por levar o nome dos títulos das obras: por exemplo, no diálogo intitulado *Menon*, Platão relata um diálogo entre Sócrates e Menon sobre o tema da virtude.

Os estudiosos de Platão dividem seus diálogos em **três fases**: os diálogos da **primeira fase** representam a filosofia de Sócrates, em que são discutidos temas como a virtude e a ciência; na **segunda fase**, a dos chamados *diálogos de transição*, já após a morte de Sócrates, temos a filosofia de Platão sendo transmitida, embora Sócrates ainda continue como o protagonista principal; já na **terceira fase**, nos chamados *diálogos da velhice*, podemos perceber a influência de um dos principais discípulos de Platão na Academia, Aristóteles (Reale; Antiseri, 2003, p. 134).

Neste livro não conseguiremos estruturar por completo toda a filosofia platônica. Porém, ao mesmo tempo, não podemos nos furtar ou deixar de lado a explicação de suas ideias principais, principalmente a sua teoria do governante filósofo e sua teoria das ideias. Acreditamos que, ao explicitar essas teorias, conseguiremos fornecer os subsídios necessários para que você compreenda um pouco da grandiosidade desse pensador e se sinta instigado a querer buscar cada vez mais em seus estudos, a abarcar em sua complexidade o pensamento desse autor – seja acerca da realidade, sobre o tema do conhecimento ou ainda sobre a política.

Para começarmos a explicação desses temas, é de fundamental importância que conheçamos o famoso **Mito da Caverna**, de Platão, para em seguida nos aventurarmos por outras instâncias de seu pensamento filosófico.

Vamos lá!

5.2
O Mito da Caverna e a teoria das ideias

No **Livro VII** de seu diálogo *A República*, um dos escritos da fase de transição, Platão – pela boca de Sócrates – narra um mito que ficou conhecido como *Mito da Caverna*. Nessa narrativa, temos uma riquíssima descrição de vários pontos da filosofia de Platão.

Danilo Marcondes (2007), em sua obra *Textos básicos de filosofia*, nos apresenta um recorte interessante do *Livro VII* de *A República*, no qual Sócrates dialoga com Glauco e descreve o famoso mito. Cremos que a transcrição literal dessa tradução nos dará uma ideia das características dos diálogos de Platão e, principalmente, como o mito fora narrado originalmente:

SÓCRATES: [...] Imagine, pois, homens que vivem em uma espécie de morada subterrânea em forma de caverna. A entrada se abre para a luz em toda a largura da fachada. Os homens estão no interior desde a infância, acorrentados pelas pernas e pelo pescoço, de modo que não podem mudar de lugar nem voltar a cabeça para ver algo que não esteja diante deles. A luz lhes vem de um fogo que queima por trás deles, ao longe, no alto. Entre os prisioneiros e o fogo, há um caminho que sobe. Imagine que esse caminho é cortado por um pequeno muro, semelhante ao tapume que os exibidores de marionetes dispõem entre eles e o público, acima do qual manobram as marionetes e apresentam o espetáculo.

GLAUCO: Entendo.

SÓCRATES: Então, ao longo desse pequeno muro, imagine homens que carregam todo tipo de objetos fabricados, ultrapassando a altura do muro; estátuas de homens, figuras de animais, de pedra, madeira ou qualquer outro material. Provavelmente, entre os carregadores que desfilam ao longo do muro, alguns falam, outros se calam.

GLAUCO: Estranha descrição e estranhos prisioneiros!

SÓCRATES: Eles são semelhantes a nós. Primeiro, você pensa que, na situação deles, eles tinham visto algo mais do que as sombras de si mesmos e dos vizinhos que o fogo projeta na parede da caverna à sua frente?

GLAUCO: Como isso seria possível, se durante toda a vida eles estão condenados a ficar com a cabeça imóvel?

SÓCRATES: Não acontece o mesmo com os objetos que desfilam?

GLAUCO: É claro.

SÓCRATES: Então, se eles pudessem conversar, não acha que, nomeando as sombras que veem, pensariam nomear seres reais?

GLAUCO: Evidentemente.

SÓCRATES: E se, além disso, houvesse um eco vindo da parede diante deles, quando um dos que passam ao longo do pequeno muro falasse, não acha que eles tomariam essa voz pela da sombra que desfila à sua frente?

GLAUCO: Sim, por Zeus.

SÓCRATES: Assim sendo, os homens que estão nessas condições não poderiam considerar nada como verdadeiro, a não ser as sombras dos objetos fabricados.

GLAUCO: Não poderia ser de outra forma.

SÓCRATES: Veja agora o que aconteceria se eles fossem libertados de suas correntes e curados de sua desrazão. Tudo não aconteceria naturalmente como vou dizer? Se um desses homens fosse solto, forçado subitamente a levantar-se, a virar a cabeça, a andar, a olhar para o lado da luz, todos esses movimentos o fariam sofrer; ele ficaria ofuscado e não poderia distinguir os objetos, dos quais via apenas as sombras, anteriormente. Na sua opinião, o que ele poderia responder se lhe dissessem que, antes, ele só via coisas sem consistência, que agora ele está mais perto da realidade, voltado para objetos mais reais, e que está vendo melhor? O que ele responderia se lhe designassem cada um dos objetos que desfilam, obrigando-o, com perguntas, a dizer o que são? Não acha que ele ficaria embaraçado e que as sombras que ele via antes lhe pareceriam mais verdadeiras do que os objetos que lhe mostram agora?

GLAUCO: Certamente, elas lhe pareceriam mais verdadeiras.

SÓCRATES: E se o forçassem a olhar para a própria luz, não achas que os olhos lhe doeriam, que ele viraria as costas e voltaria para as coisas que pode olhar e que as consideraria verdadeiramente mais nítidas do que as coisas que lhe mostram?

GLAUCO: Sem dúvida alguma.

SÓCRATES: E se o tirassem de lá à força, se o fizessem subir o íngreme caminho montanhoso, se não o largassem até arrastá-lo para a luz do sol, ele não sofreria e se irritaria ao ser assim empurrado para fora? E, chegando à luz, com os olhos ofuscados pelo seu brilho, não seria capaz de ver nenhum desses objetos, que nós afirmamos agora serem verdadeiros.

GLAUCO: Ele não poderá vê-los, pelo menos nos primeiros momentos.

SÓCRATES: É preciso que ele se habitue, para que possa ver as coisas do alto. Primeiro, ele distinguirá mais facilmente as sombras, depois, as imagens dos homens e dos outros objetos refletidas na água, depois os próprios objetos. Em segundo lugar, durante a noite, ele poderá contemplar as constelações e o próprio céu, e voltar o olhar para a luz dos astros e da lua mais facilmente que durante o dia para o sol e para a luz do sol.

GLAUCO: Sem dúvida.

SÓCRATES: Finalmente, ele poderá contemplar o sol, não o seu reflexo nas águas ou em outra superfície lisa, mas o próprio sol, no lugar do sol, o sol tal como é.

GLAUCO: Certamente.

SÓCRATES: Depois disso, poderá raciocinar a respeito do sol, concluir que é ele que produz as estações e os anos, que governa tudo no mundo visível, e que é, de algum modo, a causa de tudo o que ele e seus companheiros viam na caverna.

GLAUCO: É indubitável que ele chegará a essa conclusão.

SÓCRATES: Nesse momento, se ele se lembrar de sua primeira morada, da ciência que ali se possuía e de seus antigos companheiros, não acha que ficaria feliz com a mudança e teria pena deles?

GLAUCO: Claro que sim. [. . .]

SÓCRATES: Reflita ainda nisto: suponha que esse homem volte à caverna e retome o seu antigo lugar. Desta vez, não seria pelas trevas que ele teria os olhos ofuscados, ao vir diretamente do sol?

GLAUCO: Naturalmente.

SÓCRATES: E se ele tivesse que emitir de novo um juízo sobre as sombras e entrar em competição com os prisioneiros que continuaram acorrentados, enquanto sua vista ainda está confusa, seus olhos ainda não se recompuseram, enquanto lhe deram um tempo curto demais para acostumar-se com a escuridão, ele não ficaria ridículo? Os prisioneiros não diriam que, depois de ter ido até o alto, voltou com a vista perdida, que não vale mesmo a pena subir até lá? E se alguém tentasse retirar os seus laços, fazê-los subir, você acredita que, se pudessem agarrá-lo e executá-lo, não o matariam?

GLAUCO: Sem dúvida alguma, eles o matariam. (Platão, citado por Marcondes, 2007, p. 40-42)

Essa alegoria poderia ser explicada como uma metáfora do mundo material, sensível, em oposição ao mundo das ideias, suprassensível. Vamos a uma rápida explicação de alguns pontos básicos do mito para, depois, compreendermos melhor todo o potencial filosófico que podemos extrair dessa narrativa, principalmente a sua teoria das ideias.

Para Platão, o "mundo da caverna" representa este mundo no qual vivemos, o mundo das sensibilidades e das matérias: um lugar feito de sombras e aparência de realidade. O "fogo dentro da caverna", que projeta sua luz e, consequentemente, a sombra dos objetos ao fundo, representa no mito a ilusão propiciada pelos nossos sentidos, os quais nos enganam e que não podem nos conduzir à verdade das coisas, mas somente a uma realidade aparente. O "prisioneiro fugitivo da caverna" é o filósofo, que, por meio da atividade racional, consegue ascender a uma realidade suprassensível, a uma realidade ideal, inteligível, fora da caverna, o único mundo existente, o mundo do conhecimento verdadeiro.

Aqui temos a base da teoria platônica das ideias, a qual representa uma das maiores contribuições desse filósofo. Com o Mito da Caverna, podemos compreender alguns aspectos dessa teoria – por exemplo, a ideia de que tudo o que existe no mundo material, desde pessoas, animais, coisas diversas, até os conceitos como belo e bom, existiu e existirá desde sempre no mundo ideal, na condição de ideia perfeita, eterna e imutável. Por meio dessa metáfora, Platão nos dá a compreender que o mundo sensível não passa de uma imitação, pobre e imperfeita, do mundo ideal.

A alma humana, por ser considerada, no pensamento de Platão, eterna, imutável, perfeita e universal, habitou o mundo das ideias antes de migrar para o mundo sensível. Lá, contemplou todas as coisas e adquiriu um conhecimento pleno das ideias.

A partir desse ponto, Platão consegue explicar uma concepção importante sobre sua famosa teoria das ideias – a de que existem duas realidades distintas, o mundo material e o mundo ideal – e também sobre a questão que permeia a temática do **conhecimento humano**, acerca do fato de nomearmos coisas distintas no mundo sensível com o mesmo nome. Por exemplo: por que damos o nome "cachorro" a animais tão diferentes em suas cores, características físicas, tamanhos, como um *pitbull*, um vira-lata e um pastor alemão? O que nos permite chamar a todos eles de "cachorro"? Alguns vão afirmar que é por pertencerem à mesma espécie de animal. Todavia, vale lembrarmos que ainda não se tinha um conhecimento claro sobre essas classificações do mundo animal – que se iniciou, principalmente, com Aristóteles. Platão dizia que esses animais, tão distintos em seus aspectos físicos, recebiam o mesmo nome por participarem da **ideia** de cachorro, a qual é perfeita e nunca muda, embora sua apresentação no mundo sensível seja sempre aparente e mutável, pois constitui uma cópia imperfeita do mundo das ideias.

A primeira etapa do conhecimento das coisas, segundo Platão, é adquirida pelas impressões ou sensações do mundo sensível. No entanto, para que o conhecimento seja realmente autêntico, "deve ultrapassar a esfera das impressões sensoriais, o plano da opinião, e penetrar na esfera racional da sabedoria, o mundo das ideias" (Cotrim, 2013, p. 223). Esse estágio racional de sabedoria e de verdadeiro conhecimento só é alcançado quando o ser humano se desvencilha de seu "amor às opiniões" (filodoxia) e passa a uma atitude de "amor ao saber" (filosofia).

Mas como os homens conseguem atingir esse estágio máximo de amor à sabedoria, que constitui o conhecimento da verdade? Segundo Platão, por meio da **dialética**. "A dialética socrático-platônica consiste, basicamente, na contraposição de uma opinião à crítica que podemos fazer dela, ou seja, na afirmação de uma tese qualquer seguida de uma discussão e negação dessa tese, com o objetivo de purificá-la dos erros e equívocos, permitindo uma ascensão até as ideias verdadeiras" (Cotrim, 2013, p. 223).

Uma ideia interessante sobre esse ponto e, ao mesmo tempo, fundamental nessa epistemologia* platônica é o fato de que, conforme já dissemos, a alma humana já havia contemplado todas as ideias no mundo suprassensível. Uma vez que ela tenha migrado para o mundo material, só poderá encontrar novamente o caminho da verdade sobre as coisas quando conseguir alcançar novamente o mundo ideal, agora por meio de um processo dialético. Nesse sentido, aprender um conhecimento verdadeiro (uma *epistéme*) seria um processo de reminiscência da alma, um recordar, um relembrar o que já foi visto no mundo suprassensível, na condição de ideia, antes de nossa alma habitar o mundo sensível-material. Essa recordação daquilo que já foi visto, por meio da dialética, nos faz romper os grilhões que nos aprisionam no interior da "caverna" e nos conduz para fora dela, rumo à luz do Sol que simboliza o verdadeiro conhecimento na Alegoria da Caverna.

Essa teoria das ideias de Platão também ajuda a fundamentar outra teoria importante do filósofo: a sua teoria do governante filósofo, também chamada de *teoria do filósofo-rei*. Veremos mais detalhes a seguir.

---

*   Teoria do conhecimento.

5.3
A teoria política de Platão

Em sua obra A República, além da descrição do famoso Mito da Caverna, Platão também explica sua concepção de **política**. O filósofo descreve uma sociedade ideal, que se apoia em uma visão racional de divisão de classes sociais, considerando que somente a partir dessa divisão é que os cidadãos poderiam alcançar a justiça:

Como reformador social, Platão considera que a justiça depende da diversidade de funções exercidas por três classes distintas: a dos artesãos, dedicados à produção de bens materiais; a dos soldados, encarregados de defender a cidade; a dos GUARDIÃES, *incumbidos de zelar pela observância das leis. Produção, defesa, administração interna – estas as três funções essenciais da cidade. E o importante não é que uma classe usufrua de uma felicidade superior, mas que toda a cidade seja feliz. O indivíduo faria parte da cidade para poder cumprir sua função social e nisso consiste ser justo: em cumprir a própria função.* (Platão, 1991, p. 26, grifo nosso)

Essa reorganização social ideal criada por Platão tem como fundamento sua teoria das ideias. Para o pensador, a alma humana, quando migra do mundo ideal para o mundo material, passa por um processo de divisão em três partes. Essa divisão é classificada pelos estudiosos como a **teoria da tripartição da alma**.

Nessa teoria, a alma passa ser dividida em **alma racional, alma irascível** e **alma concupiscível**. A primeira das almas está localizada na região da cabeça e indica a nossa capacidade racional. A segunda está na região do peito, do coração, e indica a nossa capacidade de, por exemplo, sentir ira, de ficar irritado – ou seja, diz respeito às nossas emoções e sentimentos, decorrendo também dessa alma a nossa capacidade de sentir *coragem* e medo (etimologicamente, *coragem* tem o significado de "agir com o coração"). A terceira alma se localiza na região do baixo ventre – o estômago e as genitálias – e indica a nossa necessidade de se alimentar e de se reproduzir, ou seja, está ligada às nossas necessidades fisiológicas e sexuais, pertencendo também ao campo dos desejos (etimologicamente, *concupiscência* têm o significado de "desejo intensivo", "forte desejo").

Essa forma de compreender a subdivisão da alma no processo de migração do mundo suprassensível para o sensível serve de fundamento para a construção do Estado ideal de Platão, na medida em que esse Estado deve, também, se subdividir em três classes sociais, segundo a alma de cada cidadão. Vamos explicar melhor essa dinâmica.

O objetivo de Platão, ao criar esse Estado ideal, era organizar a sociedade de modo que ela alcançasse a justiça. Para isso, era necessário que o indivíduo procurasse alcançar um equilíbrio entre as três almas, respeitando uma hierarquia na qual a alma racional deveria governar as outras almas. Por que a alma racional deveria estar no topo dessa hierarquia e garantir esse equilíbrio? Justamente porque é pela atividade racional que o homem consegue fugir das ilusões propiciadas pelos sentidos e pelas emoções e caminhar rumo à verdade, à justiça, ao bom, ao belo, que só podem ser encontrados no mundo das ideias.

Você se recorda do Mito da Caverna? É por meio da atividade racional, de um processo dialético, que o fugitivo prisioneiro consegue romper com os grilhões que o aprisionam e caminhar para fora da caverna. Portanto, a alma racional, sendo a alma hierarquicamente mais importante, deve governar as outras almas, guiá-las para que não sucumbam às ilusões do mundo sensível, das emoções e das concupiscências.

Realizando uma analogia entre indivíduo e cidade, Platão procura – ao conhecer como o homem e a alma estão dispostos – conceber a disposição das classes de pessoas que deveriam compor uma cidade justa. Seguindo a lógica do indivíduo, o filósofo descreve em sua obra *A República* que uma cidade ideal deveria estar organizada em três classes sociais: a classe dos trabalhadores, dos guardiões e dos governantes (Platão, 2001). A classe dos trabalhadores deveria ser composta por indivíduos nos quais há uma maior predominância da alma concupiscível. A classe dos guardiões deveria ser composta por pessoas que têm uma predisposição maior da alma irascível. Já os governantes deveriam ser aqueles em que a alma racional predomina sobre as outras.

Com efeito, essa cidade só conseguiria atingir a justiça se essas três classes sociais estivessem dispostas hierarquicamente, sendo que a classe dos governantes, responsável por manter o equilíbrio de toda a cidade, seria composta pelas pessoas que têm na alma racional uma maior predominância (Platão, 2001). Quem são essas pessoas nas quais há essa maior predominância da alma racional? Ora, essas pessoas são os filósofos.

Nesse sentido, o governante da cidade idealizada por Platão deveria ser o filósofo. Decorre daí o nome da teoria política de Platão: **teoria do governante filósofo** ou **teoria do filósofo-rei**. O filósofo-rei seria o responsável por manter o equilíbrio da cidade, pois seria o único capaz de conhecer a verdade das coisas e compreender a ideia de justiça, uma ideia perfeita que não está limitada às ilusões dos sentidos e da aparência do mundo sensível. Ele seria o único capaz de criar leis justas e de conduzir todos os cidadãos à felicidade verdadeira.

A **educação** (do grego *paideia*) cumpriria um papel fundamental na constituição dessa cidade de Platão, pois ela seria responsável por selecionar as crianças segundo suas aptidões naturais – ou melhor, segundo o critério da predominância da alma – e por garantir a elas o desenvolvimento das habilidades que mais se aproximam dessa natureza. Sendo assim, se a criança possuísse uma essência predominantemente

concupiscível, receberia uma formação técnica, aprenderia um ofício, uma arte específica, seria um trabalhador e procuraria atender às necessidades da cidade; se o indivíduo apresentasse uma natureza predominantemente **irascível**, iria receber uma formação militar que o preparasse para a arte da guerra, fortalecesse seu físico e o tornasse um grande guerreiro e guardião da cidade; se sua essência fosse **racional**, receberia uma formação de cunho mais intelectual, passando pelo ensino da matemática, das ciências, até chegar à filosofia – conhecimentos que o preparariam para a vida política e que tinham como objetivo torná-lo sábio (Platão, 2001). Essa sabedoria adquirida por meio da filosofia constitui o estágio máximo da formação dos gregos, adquirida apenas após muitos anos de estudos.

Somente aquele que conheceu a justiça, a verdade, o bom e o belo – ou seja, somente aquele que conseguiu se desvencilhar das ilusões dos sentidos, das sombras da caverna e contemplou a luz do conhecimento, a luz das ideias – deverá governar a cidade! Esse governador será o responsável pela criação de leis justas para a *pólis*. Essas leis justas produzirão uma perfeita harmonia e equilíbrio entre os cidadãos, que certamente alcançarão suas realizações pessoais segundo o desenvolvimento de atividades condizentes com sua própria natureza.

Nisso consistiria a verdadeira justiça social: cada cidadão deve cumprir a função para a qual, naturalmente, sua alma o predispõe. Para que essa organização seja colocada em prática, Platão percebia que eram necessárias reformas sociais radicais, as quais tentou realizar em suas idas à Siracusa, sem obter êxito. Como exemplo, não deveria haver distinção de classes de nenhum tipo e as mulheres deveriam entrar no mesmo processo que os homens, inclusive participando dos combates e das caças, como demonstra o diálogo de Sócrates e Glauco na obra *A República* (Platão, 2001, p. 239):

– Concordas portanto – perguntei eu [Sócrates] – que haja entre homens e mulheres a comunidade que descrevemos, e acerca da educação, dos filhos e da guarda dos outros cidadãos, que as mulheres devem ficar na cidade e ir para o combate, fazer vigilância e caçar junto com os homens, tal como entre os cães, e participar em tudo, até onde for exequível, e que, se assim fizerem, procederão da melhor maneira possível, e não contra a natureza do sexo feminino em relação à do masculino, pois ela os criou para viverem em comunidade?

– Concordo, sim.

Além dessa questão de gênero, que representava um grande avanço para a época, Platão dizia ainda que a família

[...] deveria desaparecer para que as mulheres fossem comuns a todos os guardiães; as crianças seriam educadas pela cidade e a procriação deveria ser regulada de modo a preservar a eugenia; para evitar os laços familiares egoístas, nenhuma criança conheceria seu verdadeiro pai e nenhum pai seu verdadeiro filho; a execução dos trabalhos não levaria em conta distinção de sexo mas tão somente a diversidade das aptidões naturais. (Platão, 1991, p. 15)

Essas cidades ideais – de casamentos coletivos, crianças sendo filhos da comunidade, sendo criadas pelo Estado, mulheres com direitos iguais aos dos homens, sem discriminação de gênero, nas quais o interesse maior seria sempre o interesse da comunidade – nunca chegaram a ser colocadas em prática, permanecendo apenas no campo ideal e utópico.

Síntese

Neste capítulo conhecemos um pouco da vida e da obra de Platão, um filósofo marcante por inaugurar a filosofia como literatura. Escrevendo em forma de diálogos, Platão abordou temas fundamentais da filosofia, como a ontologia, a cosmologia, a epistemologia e a política. Sua teoria das ideias constitui um dos pontos centrais do seu pensamento filosófico, cuja característica principal é a divisão da realidade em duas esferas: a do mundo das ideias, que é perfeito e imutável, e o mundo das realidades sensíveis, no qual as coisas são apenas cópias imperfeitas das realidades ideais do mundo hiperurânio (das ideias).

Descrevendo a teoria do governante filósofo de Platão, contribuímos para a formação das pessoas que iniciam seus estudos no pensamento de Platão. Destacamos que um aprofundamento deve ser realizando mediante a leitura dos diálogos do filósofo e também de seus intérpretes, os quais, ao longo dos séculos, procuraram sistematizar seu conhecimento, produzindo interpretações e discussões diversas que, em um estudo posterior, poderemos realizar.

Concentraremos nossos esforços, no próximo capítulo, na análise do pensamento filosófico do principal discípulo de Platão, chamado Aristóteles. Continue sua leitura com atenção.

Indicações culturais

A REPÚBLICA (Platão). Produção: Jan Albert. EUA: Discovery Channel, 1996. 46 min. Série Grandes Livros. Disponível em: <https://www.youtube.com/watch?v=fzh63-NY_Ss>. Acesso em: 10 set. 2015.

Esse documentário do canal Discovery Civilization analisa a obra *A República*. Expõe o contexto histórico da vida e obra de seu autor e vários estudiosos emitem suas opiniões – nem sempre convergentes – sobre a obra. Vale a pena conferir.

SANTOS, F. dos. **Platão e a linguagem poética**: o prenúncio de uma distinção. Chapecó: Argos, 2008.

Nessa obra, Fausto dos Santos procura demonstrar como o combate a uma linguagem poética, cuja origem é platônica, é uma característica determinante da filosofia. Assim, é no contraste com a linguagem poética que a linguagem filosófica vai delimitando seus contornos e suas regras. O *logos*, portanto, é político antes de ser metafísico.

Atividades de autoavaliação

1. Com relação ao contexto histórico que circunscreve a vida e a obra de Platão, com base na leitura deste capítulo, é correto afirmar que:

    a) Transcorre em um período de grave crise da democracia grega, por isso suas ideias, apesar de se pautarem em noções ideais, foram muito importantes para renovar o espírito da época.

    b) Perpassa a melhor fase da democracia ateniense e o final do período helênico, e representa a expansão de um pensamento alimentado pelo clima de liberdade e apogeu político.

    c) Decorre na fase de transição entre a monarquia e a democracia, por isso Platão foi perseguido por suas ideias inovadoras e acabou morto por motivos políticos, da mesma forma que seu mestre Sócrates.

    d) Transcorre em um período de decadência política e moral em Atenas e toda a Grécia. Assim, Platão, com suas novas concepções de homem e de mundo, foi um renovador da ordem social ateniense que se estendeu por todo ocidente.

2. Com relação àquilo o que pretendia Platão e o seu grupo de seguidores de Sócrates, no que diz respeito à filosofia, analise as afirmações a seguir:

I. Procuravam, por meio da filosofia, preparar-se melhor para participar da vida política.

II. Buscavam uma maneira de excluir a política das discussões filosóficas para que elas fossem eficazes.

III. Consideravam a filosofia um mecanismo de formação para participação ativa na vida política.

IV. Viam na filosofia uma maneira de afastar as discussões políticas que serviam apenas para enganar e dominar.

Estão corretas apenas as proposições:

a) I e II.

b) II e III.

c) I e III.

d) I e IV.

3. Em relação à Academia fundada por Platão e seus objetivos, com base no estudo do presente capítulo, analise as proposições a seguir e marque (V) para as verdadeiras e (F) para as falsas:

( ) Era uma instituição voltada para a preservação dos ensinamentos recebidos pelos escritos de Sócrates e sua transmissão fidedigna.

( ) Era uma instituição voltada para pesquisa original, cujo grupo de estudiosos considera o conhecimento como algo vivo e dinâmico.

( ) Era uma instituição na qual os membros buscavam, antes de tudo, a inquietação, a reformulação e a multiplicação de vias de abordagem.

( ) Era uma instituição caracterizada, sobretudo, pela salvaguarda do patrimônio intelectual herdado de grandes mestres, entre os quais Aristóteles.

a) V – V – F – F.

b) F – V – V – V.

c) F – V – V – F.

d) V – F – F – V.

4. Considerando as fases em que são divididos os diálogos de Platão pelos seus estudiosos, relacione a coluna B com a coluna A:

Coluna A

I. Diálogos da primeira fase

II. Diálogos de transição

III. Diálogos da velhice

Coluna B

( ) Percebe-se a influência de Aristóteles.

( ) A filosofia de Platão é transmitida.

( ) Discutem temas como virtude e ciência.

Agora assinale a alternativa com a sequência correta:

a) I – II – III.

b) III – II – I.

c) I – III – II.

d) II – I – III.

5. Com relação à Alegoria da Caverna proposta por Platão, no *Livro VII* da sua obra *A República*, assinale a alternativa correta:

a) O prisioneiro fugitivo da caverna é o filósofo que, por meio da atividade racional, consegue ascender ao mundo do conhecimento verdadeiro.

b) Na alegoria da caverna, o mundo visível é considerado uma obra criada por Deus, portanto perfeita e imutável.

c) O fogo que projeta as imagens no fundo da caverna representa a luz da nossa razão, que é capaz de nos conduzir ao conhecimento verdadeiro.

d) Os prisioneiros que olham para as sombras representam os filósofos acorrentados aos seus pensamentos e teorias.

6. No que diz respeito à teoria política de Platão, considerando a leitura deste capítulo, é correto afirmar que:

a) A República que é uma cidade ideal deveria estar organizada em três classes sociais: a classe dos trabalhadores, a dos guardiões e a dos governantes.

b) Segundo Platão, a política precisa ser comandada pela camada menos abastada da população, pois constitui sua maioria.

c) A grande novidade da teoria política de Platão foi retirar do filósofo a responsabilidade pelo governo.

d) Para Platão, o governo ideal é aquele comandado pelos guardiões, pois eles garantirão a paz e o progresso das cidades.

Atividades de autoaprendizagem

Questões para reflexão

1. Com base na leitura deste capítulo, explique a teoria das ideias de Platão.

2. Segundo Platão, em que consiste a verdadeira justiça social?

3. Por que Platão considera que o filósofo seria o governante ideal?

Atividade aplicada: prática

1. Leia o *Livro VII* de *A República*, de Platão – sugerido na seção "Indicações culturais" –, no qual você encontrará a Alegoria da Caverna. Elabore, na sequência, uma síntese e, baseando-se nessas ideias, proponha um debate com seus colegas de classe sobre a função dos meios de comunicação atualmente.

6

Aristóteles e a sistematização do conhecimento

Proveniente da Macedônia, mais especificamente da cidade de Estagira, Aristóteles, o estagirita, nasceu no ano de 384 a.C. Filho de Nicômaco, médico do Rei Amintas II – que foi pai de Filipe II, o grande conquistador do mundo grego e pai de Alexandre, o Grande –, certamente Aristóteles viria a se beneficiar dessa relação de seu pai com a corte macedônica anos depois.

Atraído pelo esplendor do desenvolvimento cultural de Atenas, como muitos jovens de sua época, o estagirita buscou melhores condições de se aprofundar nos estudos superiores que a efervescente *pólis* proporcionava. Ficou encantado e, ao mesmo tempo, dividido entre as escolas preferidas da juventude ateniense, que tinham como objetivo preparar para bem viverem como cidadãos gregos e, sobretudo, participaram os indivíduos ativamente da vida política. De um lado, Isócrates – e sua linha de pensamento baseada nos ideais sofistas – procurava formar seus alunos na arte de bem falar, de elaborar discursos convincentes e, principalmente, auxiliá-los no processo de aquisição da *areté* política (ou virtude) para lidar com as coisas da *pólis* (uma virtude política). De outro lado, havia o encanto da Academia de Platão, o grande discípulo de Sócrates, que ensinava aos seus discípulos a base para toda e qualquer ação humana – entre elas, também, as ações políticas –, tomando como princípio de sua formação educacional o ensino das ciências e da matemática.

É sobre esse pensador que iremos falar neste capítulo. Continue ligado!

6.1
Aristóteles, o grande sistematizador do conhecimento antigo

Escolhendo o caminho platônico, Aristóteles, com então aproximadamente 18 anos, ingressou na Academia em 367 a.C. (ou 366 a.C.), ano em que Platão estava em viagem à Siracusa para tentar colocar seu ideal político em prática, novamente sem sucesso. Apresentado a Platão somente um ano mais tarde por Eudoxo de Cnido, Aristóteles de Estagira começaria sua aventura pelos estudos superiores e ficaria marcado, ao lado do seu mestre, como o principal alicerce do pensamento ocidental. Sem exagero algum, foi um dos principais filósofos de todos os tempos.

Juntos, os dois transformaram para sempre o mundo ocidental e suas obras representaram o ápice da filosofia na Antiguidade. Aristóteles permaneceu na Academia de Platão por cerca de 20 anos, ganhando a admiração de todos por ser brilhante aluno e professor de retórica, chamando a atenção, em especial, pela sua atuação fortemente expressiva dentro dessa mesma instituição.

Após a morte do mestre, Aristóteles havia conquistado o *status* necessário para ser o grande continuador do projeto de Platão na Academia, porém, foi deixado de lado por não ser um ateniense, mas um estrangeiro oriundo da Macedônia. Esse fato fez com que Aristóteles, decepcionado, deixasse a Academia e partisse para a Ásia Menor, sendo convidado, pouco tempo depois, para ser o preceptor do filho do Rei Filipe II da Macedônia, conquistador do mundo grego, chamado Alexandre, o Grande.

Mais tarde, quando o ensino de Alexandre foi interrompido devido à necessidade de ele assumir o trono do Império Macedônico deixado por seu pai, que fora assassinado, Aristóteles voltou para Atenas e fundou a sua própria escola, o **Liceu**, em homenagem ao deus Apolo de Lício, permanecendo nesse lugar por aproximadamente 12 anos. O Liceu – também chamado de *Escola Peripatética*, ou somente *Escola dos Peripatos*, que significa "os que passeiam" – era o local onde Aristóteles difundia seus conhecimentos das mais variadas áreas do saber, principalmente das ciências naturais. Exibia, em seus jardins, um museu riquíssimo de fauna e flora de diversas regiões que foram conquistadas por Alexandre e enviadas a Aristóteles, ficando à disposição de todos os peripatéticos que frequentavam o espaço, além de contar com uma das maiores bibliotecas da época (Aristóteles, 1987, p. 12).

Aristóteles foi o grande sistematizador dos conhecimentos que surgiram até então, sendo o grande responsável por categorizar tudo o que se havia descoberto e produzido nas áreas da biologia, física, história natural, política, ética, psicologia, estética e metafísica. Em suma, o pensador macedônio foi o grande sistematizador de tudo o que foi produzido nos períodos que o antecederam, o período cosmológico e antropológico, marcando uma nova era do pensamento antigo, chamado de *período sistemático* (já estudado em nossos dois primeiros capítulos).

Das 120 obras que supostamente Aristóteles teria escrito, chegaram até nós, pelo menos, 40 desses textos – graças aos estudos e às traduções de pensadores de origem árabe da Idade Média, como Avicena, Averróis e Al Farabi. Essas eram as obras de seus escritos de escola, endereçados aos seus alunos do Liceu. Todavia, sabemos que existiam também as obras para publicação – escritas no mesmo estilo de Platão, em forma de diálogos –, das quais chegaram até nós apenas fragmentos:

> *A partir de declarações do próprio Aristóteles, sabe-se que ele realizou dois tipos de composições: as endereçadas ao grande público, redigidas em forma mais dialética do que demonstrativa, e os escritos ditos filosóficos ou científicos, que eram lições destinadas aos alunos do Liceu. Estas últimas foram as únicas que se conservaram, embora constituam pequena parcela do total que é atribuído, desde a Antiguidade, a Aristóteles. As obras exotéricas, destinadas à publicação, eram frequentemente diálogos, imitados dos de Platão. Delas restaram apenas fragmentos, conservados por diversos autores ou referidos em obras de escritores antigos. De dois desses diálogos, ambos escritos enquanto Platão ainda vivia, ficaram vestígios mais ponderáveis: do* EUDEMO – *que, à semelhança do* FÉDON *de Platão, tratava da imortalidade da alma – e de* PROFÉTICO, *um elogio da vida contemplativa e um convite à filosofia.*
> (Aristóteles, 1987, p. 13, grifo do original)

Geralmente, os estudiosos de Aristóteles procuram destacar pelo menos sete obras como as mais importantes: *Metafísica*, na qual o filósofo elabora os princípios básicos de sua doutrina filosófica; *Ética a Nicômaco*, em que procura descrever suas concepções fundamentais acerca do pensamento prático, da moralidade, da virtude e da moderação das ações humanas; *Organon*, uma verdadeira obra-prima de lógica distribuída em seis volumes, nos quais Aristóteles desenvolve as regras básicas do bem pensar por meio das categorias e os silogismos com suas premissas e conclusões; *Física*, obra na qual estabelece sua visão de mundo e do modo como é possível conhecer as causas e os fenômenos que ocorrem; *Poética*, obra na qual desenvolve as premissas básicas do conhecimento estético por meio da análise da tragédia e da comédia, tal como seu efeito catártico produzido por essas nas apresentações teatrais; *Retórica*, em que aborda os princípios básicos do que ele chamaria de "a outra face da dialética"; e, por fim, a *Política*, obra em que procura analisar o modo de organização social capaz de conduzir os homens ao seu fim último, que é a **felicidade**.

Após essa breve explanação, vamos compreender, a seguir, um pouco mais sobre o pensamento filosófico desse grande personagem grego. Vamos lá!

6.2
Aristóteles versus Platão

Aristóteles foi, sem dúvida, o discípulo que mais se destacou entre os demais na Academia, procurando colocar em prática um preceito básico do próprio Platão – a saber, de que o grande discípulo é aquele que supera o mestre.

Na busca por esse sobrepujamento do mestre, Aristóteles criticou especialmente a famosa teoria das ideias, a qual se caracterizava pela rejeição dos dados recebidos pelos sentidos, pela crença de que eles estão sujeitos a ilusões e enganos, não passando de cópias imperfeitas de ideias perfeitas.

Platão ensinava na Academia e nos seus Diálogos que a compreensão dos fenômenos que ocorrem no mundo físico depende de uma hipótese: a existência de um plano superior da realidade, atingido apenas pelo intelecto, e constituído de formas ou ideias, arquétipos eternos dos quais a realidade concreta seria a cópia imperfeita e perecível. Através da dialética – feita de sucessivas oposições e superposições de teses – seria possível ascender do mundo físico (apreendido pelos sentidos e objeto apenas de opiniões múltiplas e mutáveis) à contemplação dos modelos ideais (objetos da verdadeira ciência). (Aristóteles, 1987, p. 19)

Fundamentando sua crítica na afirmação contrária, de que os dados obtidos pelos sentidos nos levam, sim, à constatação de que tais objetos na natureza existem, Aristóteles dizia que tudo o que sentimos com o paladar, o tato, o olfato, a audição e a visão, todas as experiências empíricas que os sentidos nos proporcionam, nos conduzem à constatação de que tais objetos são reais (Aristóteles, 1987, p. 19). Partindo dessa premissa fundamental, Aristóteles atribuía à ciência esse caráter empírico, que deveria buscar nessa experiência sensível a essência do ser.

Essa contra-argumentação representa uma inversão no pensamento de seu mestre: enquanto Platão partia das ideias para conhecer a verdade das coisas, sendo a razão, por meio da dialética, o principal instrumento utilizado pelo filósofo para se desvencilhar das ilusões causadas pelos sentidos no mundo sensível, Aristóteles partia da realidade sensível, das experiências sensoriais empíricas para chegar à ideia das coisas. O filósofo estagirita utilizava não mais a dialética, mas, agora, a **lógica** para chegar ao conhecimento verdadeiramente científico e universal:

Para se atingir a certeza científica e construir um conjunto de conhecimentos seguros, torna-se necessário, segundo Aristóteles, possuir normas de pensamento que permitam demonstrações corretas e, portanto, irretorquíveis. O estabelecimento dessas normas confere a Aristóteles o papel de criador da lógica formal, entendida como a parte da lógica que prescreve regras de raciocínio independentes do conteúdo dos pensamentos que esses raciocínios conjugam. (Aristóteles, 1987, p. 19)

Para Aristóteles, as ideias das coisas estão nelas próprias, e não em um mundo suprassensível, ideal. Conheceremos a **verdade** e chegaremos a um conhecimento científico seguro se partirmos da existência das coisas, utilizando de um **método lógico indutivo**, ou seja, um método que caminha das experiências empíricas individuais e específicas em direção às ideias universais e gerais. A ciência, portanto, teria como um dos seus objetivos compreender o caráter universal das coisas, que deve ser alcançado a partir das experiências sensoriais empíricas particulares. Desse modo, podemos afirmar, com Gilberto Cotrim (2013, p. 226, grifo do original), que "[...] a **indução** (operação mental que vai do particular ao geral) representa, para Aristóteles, o processo intelectual básico de aquisição de conhecimento. É por meio do método indutivo que o ser humano pode atingir conclusões científicas, conceituais, de âmbito universal".

> Para Aristóteles, as ideias das coisas estão nas próprias coisas, e não em um mundo suprassensível, em um mundo ideal. Conheceremos a verdade e chegaremos a um conhecimento científico seguro se partirmos da existência das coisas, utilizando de um método lógico indutivo.

Além dessa crítica à teoria das ideias de seu mestre Platão, podemos ainda distinguir as teorias desses dois grandes pensadores em mais alguns aspectos gerais. Enquanto Platão ainda permanecia, em seus diálogos, a se utilizar da linguagem dos mitos, Aristóteles abandona esse tipo de linguagem e aplica um maior rigor lógico, científico e filosófico em seus escritos. À medida que Platão, em sua Academia, dava uma maior ênfase aos estudos da matemática, Aristóteles – provavelmente influenciado por seu pai, que era médico – passou a dar mais atenção às ciências naturais em seus ensinos no Liceu; Platão utilizava como instrumento o

método dialético para chegar à verdade das coisas, Aristóteles elaborou um **método sistemático**, que tinha na **indução** e na **lógica** os principais pressupostos para alcançar um conhecimento seguro.

Essas características tornam Aristóteles o discípulo predileto de Platão e alguns estudiosos arriscam afirmar ainda que ele conseguiu superar seu mestre de maneira formidável e brilhante. Uma vez que tenhamos discutido essa relação entre Aristóteles e Platão, passaremos agora a analisar de maneira mais detalhada algumas das principais teorias filosóficas de Aristóteles.

Fique ligado!

6.3
A filosofia de Aristóteles

Falamos anteriormente que Aristóteles ficou conhecido como o grande sistematizador do conhecimento da filosofia antiga, como um todo, no Período Clássico da história da Grécia. Esse foi, sem dúvida, um dos maiores legados de Aristóteles para o pensamento ocidental. O filósofo estagirita procurou nessa sistematização dividir a ciência em três grandes áreas do saber, tomando como critério principal a diferença entre *ação* e *contemplação*. Observe como Giovanni Reale e Dario Antiseri (2003) esclarecem essa divisão:

> *Aristóteles distinguiu as ciências em três grandes ramos:*
>
> *a.* CIÊNCIAS TEORÉTICAS, *isto é, ciências que buscam o saber em si mesmo;*
>
> *b.* CIÊNCIAS PRÁTICAS, *isto é, ciências que buscam o saber para, através dele, alcançar a perfeição moral;*
>
> *c.* CIÊNCIAS POIÉTICAS *ou produtivas, isto é, ciências que buscam o saber em função do fazer, isto é, com o objetivo de produzir determinados objetos.* (Reale; Antiseri, 2003, p. 195, grifo do original)

As **ciências poiéticas** ou produtivas, que estão no campo da ação humana, como o próprio nome já diz, têm em seu escopo a produção de algo – por exemplo, a medicina, a arquitetura, a pintura, a economia, a oratória, a arte da guerra e da navegação, entre outras. Já as **ciências práticas**, que têm o objetivo de auxiliar os seres humanos a alcançar a perfeição moral, são a ética e a política. Por sua vez, as **ciências teoréticas** estudam as coisas que existem independentemente da ação humana e, por não terem sido feitas pelos homens, cabem a eles apenas **contemplá-las** – por exemplo, a matemática, a astronomia, a metafísica e a teologia.

Segundo a hierarquia estabelecida pelo próprio Aristóteles, as ciências teoréticas são as que gozam de maior dignidade – pois são constituídas, sobretudo, pela metafísica –, são as que buscam o saber em si mesmo. É a partir das ciências teoréticas que todas as outras se sustentam, adquirem seus significados próprios, pois a metafísica é a **filosofia primeira** para Aristóteles.

O termo *metafísica* (do grego, "aquilo que **está além da física**") não é um termo originalmente aristotélico. É muito provável que ele tenha sido cunhado pelos seus discípulos, os peripatéticos, quando da edição das obras de acordo de seu mestre – possivelmente, eles acabaram classificando as obras conforme os assuntos ligados à física e as que não pertencem à física, que **estão além da física** (Aristóteles, 1987, p. 15).

A metafísica é a ciência que se ocupa das questões que estão em um plano que não é físico, que estão além da realidade empírica. É uma ciência que indaga sobre as causas e os princípios primeiros que estão na base do ser, é a ciência que pergunta pelo ser enquanto ser, que busca encontrar a substância do ser nas coisas existentes e compreender questões sobre Deus e as substâncias suprassensíveis. Sem dúvida, essa área do saber, dividido por Aristóteles, representa uma bem elaborada síntese da cosmologia que vinha sendo construída desde Tales de Mileto. Aristóteles (1987, p. 29) afirma que quem encontra o princípio primeiro de todas as coisas existentes na natureza, encontra Deus, pois este é a causa suprema das coisas e o princípio primeiro do ser. É uma ciência que não está ligada às coisas sensíveis e materiais e, justamente por não apresentar esse caráter empírico, uma ciência livre, cabendo aos seres humanos apenas uma atitude de contemplação desse conhecimento. Essas características tornam a metafísica a ciência suprema que se ocupa das causas primeiras de todos os seres existentes.

A metafísica é a ciência das causas e, nesse caso, transforma-se em uma **etiologia**. A metafísica é uma ciência do ser, transformando-se também em uma **ontologia**. É, ainda, a ciência da substância, que a torna também uma **ousiologia**; metafísica é ainda a ciência de Deus, ou seja, uma **teologia**.

A partir dessa definição de metafísica como uma ciência que busca as causas primeiras, podemos extrair uma das principais teorias filosóficas de Aristóteles, que é a **teoria das causas**. Para o pensador de Estagira, o mundo material, sensível, é o mundo do devir, um mundo onde existe uma constante transformação dos seres, segundo sua própria natureza. Ao se perguntar sobre o que causa essa transformação, Aristóteles definiu que existem, pelo menos, quatro causas principais dos seres: causa formal, causa material, causa eficiente e causa final. Vejamos, na citação de Cotrim (2013), a explicação dessas quatro causas no pensamento de Aristóteles:

> *Causa material – refere-se à matéria de que é feita uma coisa. Exemplo: o mármore utilizado na confecção de uma estátua.*
>
> *Causa formal – refere-se à forma, à natureza específica, à configuração de uma coisa, tornando-a "um ser propriamente dito". Exemplo: uma estátua (em forma) de homem e não de cavalo.*

Causa eficiente – refere-se ao agente, àquele que produz diretamente a coisa, transformando a matéria tendo em vista uma forma. Exemplo: o escultor que fez a estátua (em forma) de homem.

Causa final – refere-se ao objetivo, à intenção, à finalidade ou à razão de ser de uma coisa. Exemplo: a intenção de exaltar a figura do soldado grego. (Cotrim, 2013, p. 228)

Essa explicação de Cotrim (2013) deixa claro como as quatro causas operam nas transformações dos seres existentes. Uma breve observação que devemos fazer a esse respeito é o fato de que, quando se trata da construção de seres artificiais, como é o caso da construção de uma estátua, todas as quatro causas se tornam efetivas, sendo que a causa eficiente e a causa final não pertencem à natureza do próprio objetivo artificial, pois são extrínsecos ao ser do objeto. Todavia, no tocante aos seres naturais, não existe uma causa eficiente, pois os seres naturais podem ser o que são apenas por natureza, sem o auxílio de uma ajuda externa a eles – muito embora, nesses seres naturais, exista a ação de uma causa final. Para Aristóteles, todas as coisas tendem a um fim. A causa final é a mais importante para os seres naturais, sendo a principal responsável pela articulação de todas as outras causas.

Outra teoria filosófica que Aristóteles elaborou e que julgamos de suma importância trabalhar neste livro é a sua **teoria do ato e potência**. Nessa teoria, o filósofo retomou a problemática da permanência e da mudança do ser (polêmica que remonta a Heráclito e Parmênides) e procurou demonstrar que as transformações que ocorrem nos seres não se encontram fora das coisas, mas no próprio ser (Aristóteles, 1987, p. 27). Com efeito, afirmou, por meio dessa teoria, que as sementes não são plantas, mas guardam em si uma potência que torna possível a sua transformação em planta. Aristóteles quer nos mostrar que em todo e qualquer ser existente há a manifestação do mesmo em seu momento atual, ou seja, em ato. Mas também existem possibilidades nesse ser, capacidades de ser o que ainda não é, mas que pode vir a ser com o tempo e sob as condições necessárias para tal – ou seja, há nesse ser uma potência. Portanto, todos os seres são ao mesmo tempo, ato e potência. A semente, em seu estado atual, em ato, é apenas uma semente. Porém, ao mesmo tempo, a semente tem em si a potência para se transformar em uma árvore. A semente é, em ato, uma semente, mas em potência é uma árvore; um bloco de mármore é, em ato, apenas um bloco de mármore, mas em potência pode ser uma estátua, uma mesa; o ferro é, em ato, apenas ferro, mas em potência pode ser uma espada ou um martelo. Essa teoria constituiu uma explicação para as mudanças que ocorrem no mundo e a transitoriedade dos seres que passam do ato à potência.

Diante dessa perspectiva, podemos compreender também a concepção aristotélica do chamado *hilemorfismo teleológico* (do grego, *hylé* significa *matéria* e *morphé* significa *forma*): todas as coisas são constituídas de dois princípios constitutivos básicos e fundamentais, são constituídos por **matéria** e **forma** (essa é a doutrina do **hilemorfismo** de Aristóteles):

> *Assim, tudo o que existe é composto de matéria e forma, daí o nome hilemorfismo para designar essa doutrina. Note, porém, que é a forma que faz as coisas serem o que são, enquanto a matéria constitui apenas o substrato que permanece. Nos processos de mudança é a forma que muda; a matéria mantém-se sempre a mesma. Por exemplo: se um anel de ouro é derretido para converter-se em uma corrente de ouro, muda-se a forma (de anel para corrente), mas mantém-se a matéria (o ouro).*
> (Cotrim, 2013, p. 227)

Ao analisarmos essa doutrina, veremos que existe uma relação direta e intrínseca entre ela e outras teorias de Aristóteles. Primeiramente, podemos relacionar a doutrina do hilemorfismo e a teoria do ato e potência principalmente quando se associa à matéria as possibilidades estipuladas pela potência e a forma que se relaciona com o ato: o ser em potência é expresso pela matéria indeterminada, enquanto o ser em ato é expresso pela sua forma. Vejamos como Reale e Antiseri (2003) descrevem essa relação na citação a seguir:

> A matéria é "potência", isto é, "potencialidade", no sentido de que é capacidade de assumir ou receber a forma: o bronze é potência da estátua porque é efetiva capacidade de receber e de assumir a forma da estátua; a madeira é potência dos vários objetos que se podem fazer com a madeira, porque é capacidade concreta de assumir as formas desses vários objetos. Já a forma se configura como "ato" ou "atuação" daquela capacidade. O composto ou sínolo de matéria e forma, se considerado como tal, será predominantemente ato; considerado em sua forma, será sem dúvida ato ou "enteléquia"; considerado em sua materialidade, será MISTO DE POTÊNCIA E ATO. Todas as coisas que têm matéria, portanto, como tais sempre possuem maior ou menor potencialidade. No entanto, [...] se forem seres imateriais, isto é, formas puras, serão atos puros, privados de potencialidade. (Reale; Antiseri, 2003, p. 200, grifo do original)

Em um segundo momento, podemos relacionar essas teorias que já foram explicadas a outra teoria de Aristóteles, a sua famosa **teoria da substância e acidente**. Essa teoria integra o quadro de conceitos da filosofia aristotélica primeira, a metafísica, e fundamenta a existência de um substrato, uma substância suprassensível. As substâncias, para o filósofo estagirita, são realidades primeiras. Toda e qualquer coisa tem uma substância que lhe é própria, ou seja, dispõe de um conjunto de características fundamentais e essenciais. Além disso, toda e qualquer coisa também apresenta acidentes, características que não são fundamentais para os seres – ao contrário, são opostas às substâncias, são aquelas características que não alteram a essência daquilo que o ser ou o objeto é (Aristóteles, 1987, p. 26-27).

Vamos a um exemplo: no ser humano existe sempre algo que é substancial (substância) e algo que é acidental (acidente). Enquanto a substância de um ser humano torna esse ser um indivíduo com características que lhe são fundamentais e imutáveis, em que a sua essência permanece sempre a mesma, é possível também perceber, nesse mesmo ser humano, certos aspectos que lhe são acidentais, como o fato de este ou aquele ser humano possuir cabelo preto, cabelo loiro, ter uma pele clara ou escura, com olhos castanhos ou esverdeados, ser alto, magro, baixo ou gordo. Todas essas características acidentais não alteram a essência do ser humano, não mudam o que é substancial. Aristóteles nos mostra que conhecer algo é conhecer a substância desse algo, conhecer o que permanece sempre o mesmo, conhecer o que é essencial.

Desse modo, analisando essa teoria aristotélica, Cotrim (2013) escreve que devemos distinguir em todos os seres o que é:

> SUBSTANCIAL – *atributo estrutural e essencial do ser; aquilo que mais intimamente o ser é e sem o qual ele não é. Assim, todo ser tem sua substância, de modo que devem existir tantas substâncias quantos seres existam (pluralismo ontológico);*
> ACIDENTAL – *atributo circunstancial e não essencial do ser; aquilo que ocorre no ser, mas que não é necessário para definir a natureza própria deste ser.* (Cotrim, 2013, p. 227, grifo do original)

Essas teorias aristotélicas são fundamentais para conhecermos o legado deixado para nós e constituem os alicerces do pensamento ocidental ao lado das teorias platônicas. Certamente que, se analisarmos mais a fundo o pensamento filosófico desse autor, ficaremos estonteados com a grande extensão de seu gênio e, principalmente, com a profundidade filosófica que ele alcançou em um tempo histórico tão escasso de recursos.

Para fecharmos a análise introdutória do pensamento de Aristóteles neste tópico do nosso livro, é necessário abordarmos uma última ideia que complementa essas outras teorias e que busca um fundamento filosófico para a origem do mundo. Para esse pensador macedônio, o mundo sempre existiu, nunca teve um princípio e nunca terá um fim, pois é eterno. Ele explica que a ideia de movimento é importante, pois exprime a passagem do **ato** à **potência**, passagem que realiza uma transformação da **forma**, mas que deixa a **matéria** imutável. Com efeito, Cotrim (2013, p. 228) afirma, a partir desse pensamento, que "há sempre um algo antes (do qual se parte) e um algo depois (do qual se chega), como o anel que se converteu em correntinha ou a semente em árvore". Ora, mas afirmar esse antes e esse depois não seria contraditório com a ideia de que o mundo, eterno, tenha existido desde sempre? Da mesma forma, afirmar que o mundo é eterno não seria contraditório ao pensar em um depois, um fim deste mundo? Se o mundo é eterno, como falar em um ponto de partida e um ponto de chegada deste mundo?

Diante dessa aparente contradição, Aristóteles teria concluído que o mundo está em um movimento constante e eterno, do qual não se tem um começo e não se tem um fim. Essa conclusão produziu uma polêmica entre seus discípulos, pois não explicava completamente o problema do devir no mundo: tudo o que se move no mundo é movido por alguma coisa que causa esse movimento. Ao pensarmos em uma mesa de sinuca, sabemos que a bola só entra em movimento, em direção à caçapa, porque algo o provoca, seja o jogador que, com o taco, empurra a bola branca, seja pelo impacto dessa bola nas demais. Em todo caso, alguém causou esse movimento e, desse modo, deve acontecer o mesmo em relação ao movimento no mundo: ainda que este mundo esteja em um devir constante e eterno, sem começo nem fim, alguém deve ter sido a causa primeira desse movimento, uma causa que tenha originado o movimento sem que nada a tenha causado, algo que seja eterno e imóvel, um primeiro motor, que Aristóteles vai chamar de *Deus*:

Ato puro, pois do contrário se moveria, o Deus aristotélico paira acima do universo, movendo-o como causa final: "como o amado atrai o amante". Não cria o universo, que é eterno, nem sequer o conhece: conhecer algo fora de si implicaria atualização de uma potência e, portanto, imperfeição e incompletude. Incorpóreo, pura forma – a matéria e a sede das potências – esse primeiro motor imóvel existiria como pensamento autocontemplativo: como "um pensamento que se pensa a si mesmo". (Aristóteles, 1987, p. 30)

Diante dessa descoberta fundamental do "motor imóvel", Aristóteles compreende e fundamenta sua metafísica. Esta, com todo o seu conjunto de ideias sobre ato e potência, substância e acidente, matéria e forma, serviu de base para suas outras teorias, incluindo as teorias **ética** e **política**, fundamentais para o pensamento desse filósofo, mas que iremos trabalhar em uma próxima pesquisa.

Síntese

Neste capítulo, vimos que Aristóteles foi o grande sistematizador dos conhecimentos que surgiram até então nesse período, sendo o grande responsável por categorizar tudo o que se havia descoberto e produzido na área da biologia, física, história natural, política, ética, psicologia, estética e metafísica. Estudamos, ainda, que o filósofo estagirita foi o grande sistematizador de tudo o que foi produzido nos períodos que o antecederam, os períodos cosmológico e antropológico, marcando uma nova era do pensamento antigo, chamado de *período sistemático*.

Procuramos explicar, ainda, as críticas que Aristóteles realizou ao seu grande mestre, Platão, sobretudo à sua teoria das ideias, e alguns dos principais conceitos e teorias fundamentais do macedônio, tais como: teorias das causas, do ato e potência, da substância e acidente e do "motor imóvel".

Indicações culturais

ALEXANDRE. Direção: Oliver Stone. EUA: Warner Bros., 2004. 175 min.

Lançado em 2004, esse filme é um drama biográfico que narra a história de Alexandre, o Grande, segundo a perspectiva do diretor Oliver Stone. Além de trazer uma ideia do contexto histórico em que viveu o filósofo estudado neste capítulo, o filme mostra cenas de Aristóteles ensinando ao jovem Alexandre.

UNIVESP TV. **Aristóteles**. Disponível em: <https://www.youtube. com/watch?v=8uru60xR54w>. Acesso em: 10 set. 2015.

Esse vídeo, produzido pela Univesp TV, apresenta uma síntese da vida e da obra de Aristóteles, enfatizando os principais pontos de sua filosofia.

Atividades de autoavaliação

1. Com relação às semelhanças e às diferenças entre os pensamentos de Platão e Aristóteles, analise as proposições a seguir:

I. Tanto Platão quanto Aristóteles fundaram uma escola filosófica em Atenas e tiveram muitos seguidores.

II. Platão e Aristóteles partiram das mesmas premissas e chegaram às mesmas conclusões filosóficas.

III. Enquanto, para Platão, a verdade das coisas está nas ideias, para Aristóteles, é preciso partir da realidade sensível.

IV. Como discípulo de Platão, Aristóteles seguiu rigorosamente as teorias de seu mestre.

Estão corretas apenas as proposições:

a) I e II.

b) II e III.

c) I e III.

d) I e IV.

2. No que diz respeito à teoria do hilemorfismo, proposta por Aristóteles, marque (V) para as proposições verdadeiras e (F) para as falsas:

( ) De acordo com a teoria do hilermorfismo, todas as coisas são constituídas de matéria e forma.

( ) Conforme a teoria do hilermorfismo, o corpo é considerado a prisão da alma do ser humano.

( ) Segundo o hilermorfismo, as ideias são a fonte da verdade e o meio de alcançar o conhecimento.

( ) De acordo com o hilemorfismo, é a forma que muda nos processos de transformação, pois a matéria se mantém sempre a mesma.

a) V – F – V – F.

b) F – V – F – V.

c) V – F – F – V.

d) F – V – V – F.

3. Com relação às obras produzidas por Aristóteles, com base nas declarações do próprio filósofo, é correto afirmar que:

a) Aristóteles escrevia em forma de poesia, escolha que despertou muito interesse por suas obras em todo o mundo.

b) Aristóteles escreveu dois tipos de obras: as de caráter dialético, destinadas ao grande público, e as de cunho mais científico, voltadas para seus alunos.

c) Aristóteles escreveu, ao todo, três obras importantes, sendo a primeira sobre matemática, a segunda sobre física e a terceira sobre metafísica.

d) Aristóteles, tal como Sócrates, acreditava na força do diálogo e, por isso, deixou a tarefa de escrever obras para seus discípulos.

4. Sobre a divisão das ciências em três grandes ramos proposta por Aristóteles, com base no estudo deste capítulo, analise as proposições a seguir:

I. As ciências práticas são aquelas em que se busca o saber para alcançar a perfeição moral.

II. As ciências teoréticas são aquelas em que se busca o saber em si mesmo.

III. As ciências poiéticas são aquelas em que se busca o saber para fazer poesia.

IV. As ciências matemáticas são aquelas em que se busca o saber de forma metódica.

Estão corretas apenas as proposições:

a) I e II.

b) I e IV.

c) II e III.

d) II e IV.

5. Assinale a alternativa que completa corretamente a sentença a seguir:

Com a teoria de ato e potência, Aristóteles procurou demonstrar que:

a) As transformações que ocorrem nos seres não se encontram fora das coisas, mas no próprio ser.

b) O ser é imutável, tal como propunha Parmênides; portanto, é necessário excluir o movimento da existência.

c) Existe uma ideia inata em cada ser, que faz com que ele seja o que é durante o tempo de sua existência.

d) Há um princípio externo ordenador do mundo, segundo o qual todas as coisas ora são e ora deixam de ser.

Atividades de autoaprendizagem

Questões para reflexão

1. Com base no estudo deste capítulo, explique sinteticamente as diferenças entre os pensamentos de Platão e Aristóteles.

2. Explique a teoria das causas proposta por Aristóteles.

3. Por que a tese do "motor imóvel" é fundamental na filosofia aristotélica?

Atividade aplicada: prática

1. Elabore um quadro sintético expondo a teoria das causas proposta por Aristóteles. Além de colaborar na compreensão do conteúdo, esse quadro poderá ser utilizado como um excelente recurso didático.

7

Escolas filosóficas helenistas

As grandes conquistas de Alexandre da Macedônia no século III a.C. foram os principais acontecimentos da história da Grécia Antiga. Isso se deve não somente por conta das transformações políticas que ocorreram, mas também pelas mudanças de cunho cultural que se tornaram um verdadeiro marco, deixando para trás o Período Clássico para dar início ao Período Helênico.

Entre as principais modificações trazidas por essa revolução no campo político, podemos destacar a perda da importância da organização social experimentada nas *poleis* gregas, baseada no ideal democrático, que começou a perder sua autonomia e liberdade inicialmente durante as conquistas do pai de Alexandre (o Rei Filipe II da Macedônia) e, finalmente, com o próprio Alexandre, que iniciara a execução de seu projeto de construção de uma monarquia universal, agrupando diversos países, culturas e raças diversas sob a vontade de um único senhor. Embora, com a morte precoce de Alexandre, essa monarquia universal não tenha passado de uma utopia para os macedônios, as transformações que ocorreram nas *poleis* gregas foram irrevogáveis, fazendo com que os valores fundamentais da vida espiritual e social dos gregos ficassem presos apenas ao passado e à história da Grécia Clássica. Eram necessários, portanto, novos valores para novos tempos (Chalita, 2005, p. 73).

Com as conquistas de Alexandre, que levou para todo o mundo conhecido da época a cultura helênica, os valores gregos começaram a se misturar com os valores de outros povos, incluindo os orientais. Com a morte precoce de Alexandre, o sonho de um império universal também ruiu. A participação dos cidadãos nos debates das *poleis*, que foram desconfiguradas em seus aspectos democráticos, cederam espaço às preocupações não mais com o coletivo, mas sim com o **indivíduo**. Quando as cidades gregas se tornaram províncias do poderoso Império Romano, que, de certo modo, colocou em prática o sonho de Alexandre, a política perdeu suas características transformadoras da vida social e a vida privada se tornou o centro das reflexões filosóficas (Chaui, 2000, p. 50-51).

Com efeito, dessas transformações sócio-políticas que ocorreram nas *poleis*, acompanhadas da necessidade de novos valores, surgiu um ideal que caracterizaria todo o período helenista: o **ideal cosmopolita**.

A *pólis* passou a ser o centro do cosmos, do mundo: a *pólis* é o mundo! E, nesse contexto, os homens buscavam uma nova identidade: surgia o indivíduo!

Várias escolas filosóficas nasceram a partir desse contexto. Com o objetivo de repensar a busca pela felicidade, surgiram diversas formas de conduta nessas escolas, diversas filosofias de vida. Cotrim (2013, p. 230) afirma que, nesse período, "parece que a principal preocupação dos filósofos era proporcionar às pessoas desorientadas e inseguras com a vida social alguma forma de paz de espírito, de felicidade interior em meio às atribulações da época". É possível verificar essas características em muitas das filosofias que surgiram nesse tempo. Entre elas, trabalharemos neste capítulo, de forma separada, as seguintes correntes: o **epicurismo**, o **estoicismo** e o **cinismo**.

> A *pólis* passou a ser o centro do cosmos, do mundo: a *pólis* é o mundo! E, nesse contexto, os homens buscavam uma nova identidade: surgia o indivíduo!

Você está preparado para o nosso último passeio pela história da filosofia antiga? Então, vamos lá!

7.1
O cinismo

O **cinismo** *foi* um movimento filosófico helênico criado por Antístenes, logo após a morte de Sócrates. Todavia, o grande expoente desse movimento foi Diógenes de Sínope, uma figura emblemática que rompeu com a imagem clássica de homem grego. Contemporâneo de Alexandre, o Grande, Diógenes foi o responsável por tornar substancial e radical a filosofia cínica, aplicando em sua vida os preceitos de seu fundador da maneira mais rigorosa e coerente possível.

Segundo nos lega a história, esse personagem excêntrico andava pelas ruas das cidades gregas – as de Atenas e, posteriormente, em Corinto –, com uma lamparina em mãos, em plena luz do dia, perguntando pelo **homem**:

> *Com evidente e provocante ironia, queria significar exatamente o seguinte: busco o homem que vive segundo sua mais autêntica essência; busco o homem que, para além de toda exterioridade, de todas as convenções da sociedade e do próprio capricho da sorte e da fortuna, sabe reencontrar sua genuína natureza, sabe viver conforme essa natureza e, assim, sabe ser feliz.* (Diógenes de Sínope, citado por Reale; Antiseri, 2003, p. 254)

"Procuro o homem!". A partir dessa procura, o filósofo passou a ignorar os conhecimentos adquiridos acerca da física, da matemática, da astronomia e, sobretudo, da metafísica para se concentrar nas ações, no comportamento e no exemplo. O termo *cínico* tem sua origem no termo grego *kynos*, que significa "cão": "o cínico, do grego *kynicos*, significa 'como um cão'" (Cotrim, 2013, p. 231). Desse modo, o movimento conhecido como *cinismo*, radicalizado por Diógenes, tinha por objetivo a difusão da a ideia de que os homens não devem buscar os conhecimentos das ciências, mas viver como um cão: os cínicos são aquelas pessoas que optaram por viver como um cão, sem nenhum bem material que pudesse trazer conforto para si.

A ideia surgiu da tese socrática sobre o autoconhecimento e da ideia de que é preciso desprezar os bens materiais para se alcançar a felicidade. Justamente por isso, Diógenes ficou "conhecido como o 'Sócrates demente', ou 'Sócrates louco', pois questionava os valores e as convenções sociais de forma radical e procurava levar uma vida estritamente conforme os princípios que considerava moralmente corretos" (Cotrim, 2013, p. 231). Além disso, procurava valorizar as necessidades mais essenciais à sobrevivência humana e também as suas carências instintivas animalescas, encontrando em sua experiência com os animais – mais precisamente, com um rato – o verdadeiro sentido da vida, que consiste em viver sem meta alguma:

> *Teofrasto narra que Diógenes "viu, uma vez, um rato correr daqui para lá, sem objetivo (não buscava lugar para dormir, nem tinha medo das trevas, nem desejava algo daquilo que comumente se considera desejável) e assim cogitou um remédio para suas dificuldades". Logo, é um animal que dita ao Cínico o modo de viver: um viver sem meta (sem as metas que a sociedade propõe como necessárias), sem necessidade de casa nem de moradia fixa e sem o conforto das comodidades oferecidas pelo progresso.*
> (Reale; Antiseri, 2003, p. 254)

Diógenes procurou colocar em sua vida tais ideais de maneira absoluta, chegando a morar em um barril, símbolo máximo de uma vida simples, uma vida que pode ser vivida somente com aquilo que lhe é suficiente, nada mais. Essa vida em um barril é simbólica também por representar a profunda liberdade que o filósofo sentia ao estar desprovido de necessidades supérfluas, pois quanto mais se eliminam tais demandas, mais livre se é. Contam-nos as lendas que, certa vez, Alexandre, líder do Império Macedônico, estava passando próximo de onde Diógenes "morava" e, ao parar em frente ao seu barril, perguntou-lhe se havia algo em que o imperador e conquistador de todo o mundo conhecido da época poderia lhe ajudar. Diógenes respondeu, prontamente, que havia algo que Alexandre pudesse fazer por ele: "podes, por gentileza, sair da minha frente, pois você está atrapalhando meu banho de sol matinal" (Reale; Antiseri, 2003, p. 254). O imperador, profundamente admirado pela sabedoria e pelo desprezo aos bens materiais do cínico, teria comentado com seus amigos que, se ele não fosse Alexandre, gostaria de ser Diógenes.

O principal nome dos cínicos não partilhava o desprezo de seus contemporâneos pelos estrangeiros, chegando a afirmar que ele era um cidadão do mundo, um cosmopolita, e, com isso, ajudaria a construir esse ideal no período helenístico. Aliado ao desprezo pelo prazer, certamente essas características se tornaram emblemáticas no pensamento filosófico desenvolvido durante o período:

> Esse "desprezo do prazer", [...] pregado por Antístenes, é fundamental na vida do Cínico, já que o prazer não só debilita o físico e o espírito, mas põe em perigo a liberdade, tornando o homem escravo, de vários modos, das coisas e dos homens aos quais os prazeres estão ligados. Até o matrimônio era contestado pelos Cínicos, que o substituíam pela "convivência concorde entre homem e mulher". E, naturalmente, a Cidade era contestada: o Cínico proclamava-se "cidadão do mundo". (Reale; Antiseri, 2003, p. 255)

Diante dessas palavras, podemos compreender certos aspectos dos ideais cosmopolitas pregados pelos cínicos e, de certa forma, as transformações ocorridas durante o período do helenismo.

Após o desaparecimento da autonomia e da liberdade nas cidades-Estados, essas mudanças fizeram com que a cultura grega se espalhasse, sob o domínio dos macedônios, para todo o mundo conhecido – do Egito à Síria até Roma à Península Ibérica, em busca da serenidade que poderia ser alcançada não mais por meio de uma ética voltada para a vida na *pólis*, mas, agora, mediante a criação de uma ética do indivíduo, uma ética existencial.

Morando em seu barril, que se situava no Pórtico de Zeus, Diógenes procurava transmitir seus ensinamentos, os quais poderiam levar os gregos, desorientados por conta das transformações sociais de seu tempo, à liberdade e à virtude. Essas atitudes podem ser compreendidas por meio de dois conceitos fundamentais de *exercício* e *fadiga*: com essas ideias, Diógenes acreditava que o homem era capaz de temperar mente e corpo, físico e espírito. Os exercícios e as fadigas impostas aos homens pela natureza serviam também para eles treinarem o domínio e o desprezo dos prazeres:

> A vida do Cínico para Diógenes se baseava sobre o exercício e sobre a fadiga, considerados como instrumento necessário para viver felizes, para saber dominar todos os prazeres e para alcançar a plena liberdade. Um tipo de vida como este levava o homem, por fora de todo vínculo social, a considerar-se cidadão do mundo inteiro, em uma dimensão cosmopolita. (Reale; Antiseri, 2003, p. 257)

Encontramos nesse desprezo pelos prazeres um resumo interessante do pensamento dos cínicos, que foi efetivamente colocado em prática durante a vida de Diógenes. Evitando os benefícios e os confortos do progresso, buscando apenas o necessário para sobreviver, esse pensador via na figura do cão uma oportunidade de liberdade extrema, chegando a afirmar que, por ser assim, poderia se alegrar com aqueles que lhe dessem alguma comida, morder os que não lhe davam nada e morder todos os bandidos que poderiam trazer malefícios a si e seus amigos. Essa liberdade dos cães lhes conferia uma característica importante para o pensamento dos cínicos: a autossuficiência (autarquia).

Figura 7.1 – Diógenes vivendo em seu barril

GÉRÔME, Jean-Léon. **Diógenes em seu barril**. 1860. Óleo sobre tela. 74,5 × 101 cm. The Walters Art Museum. EUA.

Vamos, agora, passar o nosso olhar para outra escola que surgiu durante o período do helenismo: o epicurismo.

7.2
O epicurismo

Epicuro, fundador do **epicurismo**, nasceu em 341 a.C. em Samos, mas viveu e fundou sua escola em Atenas, após adquirir uma pequena propriedade, no final do século IV a.C. Antes disso, trabalhou como professor de Gramática em outras cidades gregas, como Cólofon, Lâmpsaco e Mitilene, após ter recebido uma formação sólida na Academia com Pânfilo e ter sido iniciado nos conhecimentos sobre o atomismo de Demócrito, por meio de Nausífanes de Teo (Epicuro et al., 1985, p. 10).

A Escola de Epicuro é considerada a primeira das grandes **escolas helenísticas** a ser fundada e representou um verdadeiro desafio à educação da época, que tinha seus centros de ensino consolidados na Academia, de Platão, e no Liceu, de Aristóteles e os peripatéticos. Todavia, em meio às transformações que estavam ocorrendo no período do helenismo, a Escola Epicurista se destacou como aquela que realmente tinha algo de novo a dizer aos cidadãos atenienses e iniciou uma revolução espiritual entre seus seguidores e adeptos.

Para expressar essa novidade, Epicuro escolheu um lugar, nos subúrbios de Atenas, que parecia mais um horto, para ser o seu local de ensino, chegando a denominá-lo de *jardim*. O Jardim de Epicuro era um centro de estudos que estava afastado da conturbada vida pública de Atenas e próxima à serenidade do campo, características fundamentais para as novas filosofias helenistas que estavam surgindo: era preciso fugir da agitação da cidade e se refugiar na paz e na tranquilidade do campo (Epicuro et al., 1985, p. 30). Desse modo, os seguidores do filósofo passaram a se chamar *os filósofos do Jardim*.

> Em meio às transformações que estavam ocorrendo no período do helenismo, a escola epicurista se destacou como aquela que realmente tinha algo de novo a dizer aos cidadãos atenienses e iniciou uma revolução espiritual entre seus seguidores e adeptos.

Os filósofos do Jardim não viam Epicuro como um "mestre", no sentido adquirido nas escolas que os precederam. Tinham o pensador sâmio mais como um amigo, com o qual filosofavam juntos. Dono de uma extraordinária personalidade, Epicuro conseguia transmitir aos seus discípulos suas ideias de maneira clara e brilhante, com simplicidade e bondade. Mesmo diante de seus sofrimentos físicos, causados por uma doença que, aos poucos, iria paralisá-lo, conseguiu ser amável com os escravos, cultivou amizades duradouras, sendo sempre solícito com os irmãos.

Epicuro foi admirado por todos que o conheciam, inclusive por discípulos que viveram bem depois dele, que davam testemunhos de sua grande sabedoria. Esse é o caso de Lucrécio, poeta romano, seguidor e expositor de suas ideias, o qual viveu quase dois séculos após a morte do estudioso, e também que expõe de forma intensa sua admiração em seu poema intitulado *Da natureza*: "foi um deus, um deus, aquele que primeiro descobriu a regra da existência que se chama agora sabedoria, aquele que trazendo a nossa vida, por meio da sua arte, de tão grandes ondas e de tão grandes trevas, colocou-a em lugar tão tranquilo e em tão clara luz" (Lucrécio, citado por Epicuro et al., 1985, p. 208).

Dessa descrição e exaltação realizada por Lucrécio, segue uma bela explicação acerca dos elementos que se destacam na figura desse ilustre personagem que é Epicuro:

> As tempestades e a noite a que se refere o poeta Lucrécio significam os temores e as perturbações que agitam o espírito humano e que Epicuro teria ensinado como vencer. "A morada tão calma e tão luminosa" seria a meta proposta pelo epicurismo: a morada da serenidade e do prazer. Com efeito, toda a ética de Epicuro representa um esforço para libertar a alma humana de equívocos ou de infundadas crenças aterrorizadoras. A filosofia, para Epicuro, deveria servir ao homem como instrumento de libertação e como via de acesso à verdadeira felicidade. Esta consistiria na serenidade de espírito que advém da consciência de que é ao homem que compete conseguir o domínio de si mesmo. (Epicuro et al., 1985, p. 11)

Diante dessa explanação sobre a vida de Epicuro, passaremos agora à análise de seu pensamento e sua doutrina, a qual chega até nós por meio de algumas cartas endereçadas a Heródoto, Pítocles e Meneceu, embora se saiba que ele tenha escrito uma riquíssima e vasta bibliografia para se manifestar a seus discípulos e que, segundo Reale e Antiseri (2003), poderia ser resumida em algumas poucas proposições:

A palavra que vinha do Jardim pode ser resumida em poucas proposições gerais:

a. a realidade é perfeitamente penetrável e cognoscível pela inteligência do homem;

b. nas dimensões do real existe espaço para a felicidade do homem;

c. a felicidade é falta de dor e de perturbação;

d. para atingir essa felicidade e essa paz, o homem só precisa de si mesmo;

e. não lhe servem, portanto, a Cidade, as instituições, a nobreza, as riquezas, todas as coisas e nem mesmo os deuses: o homem é perfeitamente "autárquico". (Reale; Antiseri, 2003, p. 260)

Epicuro defendia a autarquia, ou seja, a autossuficiência dos indivíduos, e também o ideal da igualdade entre as pessoas, justamente porque todos aspiravam ao mesmo ideal nesse período de transformações políticas e sociais. Todos desejavam paz de espírito e todos poderiam atingi-la caso desejassem, sem exceção, desde nobres e pessoas livres, sem distinção de gênero e de classe social, até escravos e prostitutas em busca de redenção.

Além desse resumo apresentado por Reale e Antiseri (2003), podemos inserir também como uma das principais ideias de Epicuro: o seu **ideal hedonista** (a palavra *hedoné*, do grego, significa "prazer"). Ao analisarmos o pensamento do filósofo, perceberemos que, para ele, a felicidade é falta de dor e perturbação, que viria a ser encontrada na busca pelo prazer, princípio e finalidade de uma vida plenamente feliz.

Epicuro distingue os prazeres em grupos separados, para melhor transmitir o seu ideal hedonista, destacando que existem prazeres de caráter imediato – ligados às paixões e, justamente por conta disso, podem causar sofrimentos – e os prazeres de caráter mais duradouro, que servem ao propósito de encantar o indivíduo, seja por meio das artes, seja por intermédio de uma boa conversa. Na descrição de Cotrim (2013, p. 230), "de acordo com o filósofo, para que possamos desfrutar os grandes prazeres do intelecto, precisamos aprender a dominar os prazeres exagerados da paixão, como os medos, os apegos, a cobiça, a inveja". Essa estratégia de Epicuro de dominar os prazeres da paixão e valorizar os prazeres do intelecto deveria produzir nas pessoas a tão esperada imperturbabilidade da alma, a ausência da dor, que ele chama de *ataraxia*. Mas como realizar esse processo?

Epicuro deixou inscrito na entrada de sua escola, o Jardim, alguns preceitos que ficaram conhecidos pelos seus seguidores como o *Tetrapharmakon* (quatro *pharmakon* – do grego, significa "drogas"), ou as "quatro drogas" que podem servir de remédio para as pessoas que se encontram em um estado de perturbação da alma, quatro drogas que levariam as pessoas à ataraxia.

Quais são esses quatros *pharmaka* receitados por Epicuro?

- **Primeiro *pharmakon***: não há o que temer contra a morte.
- **Segundo *pharmakon***: não há o que temer quanto aos deuses.
- **Terceiro *pharmakon***: consiste na ideia de que a felicidade é possível por meio da busca pelo prazer.
- **Quarto *pharmakon***: é possível suportar a dor. Decorre dessa concepção o lema de Epicuro: "fuja da dor e busque o prazer" (Reale; Antiseri, 2003, p. 269).

Esses preceitos que pretendem ser um remédio à alma que se encontra perturbada pela dor e pelo sofrimento apresentam uma base materialista fortemente influenciada pela teoria do atomismo de Leucipo e Demócrito. Essas normas libertam as pessoas do medo da morte e do medo dos deuses, os dois maiores temores que as impedem de encontrar a felicidade. Epicuro descreve que a verdadeira sabedoria advém da consciência que a teoria do *Tetrapharmakon* nos traz e que é alcançada pela filosofia, fundamentando-a da seguinte maneira:

> Com sua concepção materialista da realidade, Epicuro pretende libertar o homem dos dois temores que o impediriam de encontrar a felicidade: o medo dos deuses e o

temor da morte. Os deuses existem, afirma Epicuro, mas seriam seres perfeitos que não se misturam às imperfeições e às vicissitudes da vida humana. Os deuses viveriam em perfeita serenidade nos espaços que separam os mundos. Sua perfeição suprema constitui o ideal a que aspiram os sábios e deve ser objeto de culto desinteressado; não teria sentido adorá-los de maneira servil, temerosa e interesseira, pois eles desconhecem o mundo imperfeito dos homens e de modo algum atuam sobre ele. Quanto à morte, não há também por que temê-la. Ela não seria mais que a dissolução do aglomerado de átomos que constitui o corpo e a alma. A morte, portanto, não existe enquanto o homem vive e este não existe mais quando ela sobrevém. (Epicuro et al., 1985, p. 15)

Todavia, somente a perda do medo da morte e dos deuses ainda não seria suficiente para se obter a felicidade. Seria preciso ainda, por meio da filosofia, que o indivíduo alcançasse uma melhor administração dos prazeres, soubesse valorizar os prazeres intelectuais e se libertasse dos prazeres incontrolados das paixões:

A luminosidade racional da doutrina atomista permitiria ao homem afastar os sombrios temores que lhe intranquilizavam a alma, bem como reconhecer-se como um ser perfeitamente integrado na natureza universal. Enquanto ser natural, o homem – como os animais – pauta sua vida, espontaneamente, pela procura do prazer e pela fuga da dor. Mas a verdadeira sabedoria está além desse comportamento natural e espontâneo: sábio é reconhecer que há diferentes tipos de prazer, para saber selecioná-los e dosá-los. O hedonismo epicurista reconhece que o ponto de partida para a felicidade está na satisfação dos desejos físicos, naturais. Mas essa satisfação, para NÃO acarretar sofrimentos, deve ser contida, reduzindo-se ao estritamente necessário: sábio é aquele que "com um pouco de pão e de água rivaliza com Júpiter em felicidade". (Epicuro et al., 1985, p. 15, grifo do original)

Tanto a busca pelo prazer de uma alma sem perturbação (**ataraxia**) quanto a fuga da dor (**aponia**) podem ser alcançadas por meio da filosofia e do *Tetrapharmakon*, sendo que a conversa filosófica entre os amigos constitui o *pharmakon* por excelência no pensamento de Epicuro. O homem que souber administrar esse remédio em si próprio conseguirá ser senhor de si mesmo e alcançará a verdadeira paz de espírito que é a felicidade. Assim sendo, o indivíduo não terá mais o que temer.

A ideia de que esses prazeres devem ser dosados e bem administrados nos leva a compreender que a filosofia hedonista de Epicuro não nos permite uma busca desenfreada pelos prazeres. Esse tipo de hedonismo só gera sofrimento e angústia para a alma, ideias que passam longe do ideal epicurista da *ataraxia* e da *aponia*.

7.3

O estoicismo

*O **estoicismo** foi* fundado por Zenão, natural de Cítio, cidade localizada na ilha de Chipre, um cidadão de etnia semítica que viveu por volta dos anos 336 a.C. até 263 a.C. Ele foi, sem dúvida, o fundador de uma das mais influentes escolas filosóficas do helenismo. Mudou-se para Atenas, influenciado pela filosofia, e tomou contato com alguns cínicos e físicos, estudou os escritos de Heráclito, mas o acontecimento que iria mudar a sua vida foi o conhecimento do pensamento de Epicuro.

Inicialmente, Zenão partilhou de algumas ideias epicuristas – por exemplo, o entendimento de que a filosofia seria uma arte de viver –, mas depois veio a se tornar um dos principais críticos dos filósofos do Jardim, sobretudo em relação à teoria do atomismo e do hedonismo, chegando a inverter uma série dessas ideias. Reale e Antiseri (2003, p. 280) nos chamam a atenção para um ponto importante dessa relação entre estoicos e epicuristas: "[…] não devemos esquecer que as duas Escolas tinham os mesmos objetivos e a mesma fé materialista e que, portanto, trata-se de duas filosofias que se movem no mesmo plano de negação da transcendência e não de duas filosofias que se movem em planos opostos".

Por não ser cidadão ateniense, Zenão não podia ter um imóvel na cidade. Em virtude desse motivo, ministrava seus ensinamentos em um pórtico da cidade (que, em grego, é *stoá*). Assim, a nova escola fundada por Zenão teve o nome de *stoá*, ou *dos pórticos*, e seus alunos passaram a ser chamados de *discípulos da* stoá, ou simplesmente *estoicos* (Reale; Antiseri, 2003, p. 280).

Uma característica importante que merece a nossa atenção é o fato de que "no pórtico de Zenão, diversamente do Jardim de Epicuro, admitia-se a discussão crítica em torno dos dogmas do fundador da Escola, fazendo com que tais dogmas ficassem sujeitos a aprofundamento, revisões e reformulações" (Reale; Antiseri, 2003, p. 280). Por esse motivo, podemos falar em diversos momentos ou fases do estoicismo, nos quais a base principal difundida por Zenão permanecia, porém, com algumas reformulações significativas, propostas por seus sucessores, conforme podemos perceber na descrição elaborada por Reale e Antiseri (2003, p. 280):

> *Os estudiosos hoje têm bem claro que é necessário distinguir três períodos na história da* ESTOÁ:
>
> *1. O período da "Antiga Estoá", que vai de fins do séc. IV a todo o séc. III a.C., no qual a filosofia do Pórtico foi pouco a pouco desenvolvida e sistematizada na obra da tríade da Escola: o próprio Zenão, Cleanto de Assos (que dirigiu a Escola de 262 a 232 a.C., aproximadamente) e, principalmente, Crísipo de Sôli (que dirigiu a Escola de 232 a.C. até o último lustro do séc. III a.C.). Foi principalmente este último talvez de origem semítica que, com mais de setecentos livros (infelizmente perdidos), fixou de modo definitivo a doutrina do primeiro estágio da Escola.*
>
> *2. O período assim chamado da "Média Estoá", que se desenvolve entre o II e o I séc. a.C. e que se caracteriza por infiltrações ecléticas na doutrina originária.*

3. O período da Estoá romana ou da "Nova Estoá", que se situa já na era cristã, no qual a doutrina faz-se essencialmente meditação moral e assume fortes tons religiosos, em conformidade com o espírito e as aspirações dos novos tempos. (Reale; Antiseri, 2003, p. 280, grifo nosso)

Os escritos da primeira fase do estoicismo se perderam com o tempo, restando apenas os testemunhos e discursos indiretos desse estágio, tornando difícil o acesso ao conteúdo de tais obras. Nas demais fases do estoicismo, temos como destaque alguns personagens, cujos pensamentos e teses precisamos conhecer para melhor compreendermos a profundidade dessa que foi uma das principais escolas helênicas.

O estoicismo pensa o universo como um grande ser vivo provido de um sopro vital, entendido como a alma, e que garante a coesão de tudo que existe. Essa alma é relacionada, no estoicismo de Zenão, à razão, ao *logos*: a razão é quem sustenta e garante a harmonia no cosmos (Reale; Antiseri, 2003, p. 284).

Por ser governada pelo *logos*, a natureza seria sempre justa e teria um caráter divino, identificando a virtude moral em consonância com a natureza, consigo mesma e com a razão. Sendo consideradas pelos estoicos uma desobediência à razão, as paixões seriam aqueles impulsos que deveriam ser evitados, pois somente se desfazendo delas o homem conseguiria seguir sua natureza e a Razão Universal que tudo governa. Essa razão já teria traçado o destino de cada homem, cabendo a ele apenas aceitá-lo e conservar a serenidade, adequando-se a essa realidade racional da qual todos fazemos parte.

Não podemos mudar este mundo, mas podemos compreender e viver segundo o que essa Razão Universal propõe, mediante a filosofia. Com efeito, temos aqui uma das verdades fundamentais do estoicismo, a qual se diferencia do epicurismo radicalmente. Enquanto o segundo pregava a busca do prazer para se alcançar a serenidade de espírito, o primeiro propõe a busca pelo dever como o melhor caminho para a felicidade: "é feliz aquele que vive segundo sua própria natureza, a qual, por sua vez, integra a natureza do universo" (Cotrim, 2013, p. 231).

Para resistir aos sofrimentos, os estoicos pregavam uma vida de austeridade física e moral, procurando a coragem ante o sofrimento e a indiferença diante dos luxos, riquezas e confortos que este mundo pode proporcionar. Somente assim se poderia encontrar a ataraxia, que brotaria da aceitação e da compreensão de que nada do que fazermos nesta vida é suficiente para transformar os princípios fundamentais desse princípio racional que tudo governa neste mundo: "é necessário ao homem desfazer-se de tudo isso e seguir a natureza, ou seja, seguir a Deus e à Razão Universal, aceitando o destino e conservando a serenidade em qualquer circunstância, mesmo na dor e na adversidade" (Epicuro et al., 1985, p. 21).

O primeiro grande estoico – sem contar os escritos de Cícero, o grande senador romano que desenvolveu uma mistura de diversas abordagens teóricas em seus escritos, sintetizando-os e desenvolvendo-os de maneira eclética – foi **Lucius Annaeus Sêneca**, que nasceu na Espanha poucos anos antes da Era Cristã (estima-se que seu nascimento ocorreu em 4 a.C.). Com uma esmerada formação romana ligada à filosofia e à retórica, Sêneca foi um famoso advogado e membro do Senado Romano, sendo também nomeado questor da República de Roma, uma espécie de procurador romano enviado para cobrança de dívidas públicas (impostos). Após anos de exílio, foi chamado pelo Imperador Cláudio para ser o educador de seu filho e futuro imperador de Roma, chamado Nero. Quando este assumiu o governo de Roma, Sêneca se tornou o seu principal conselheiro, até que seu prestígio com o governante entrou em decadência, culminando em sua saída da vida política, perseguição e condenação à morte por suicídio decretada por Nero em

65 d.C. Muito do que se sabe sobre Sêneca se deve às suas *Cartas morais*, redigidas nos últimos anos de sua vida e que foram endereçadas a Lucílio. Nessas cartas temos diversas observações do pensador sobre diversos assuntos, desde noções epicuristas até elementos próprios do estoicismo:

> As CARTAS MORAIS *de Sêneca, escritas entre os anos 63 e 65 e dirigidas a Lucílio, misturam elementos epicuristas com ideias estoicas e contêm observações pessoais, reflexões sobre a literatura e crítica satírica dos vícios comuns na época. Entre seus doze* ENSAIOS MORAIS, *destacam-se* SOBRE A CLEMÊNCIA, *cautelosa advertência a Nero sobre os perigos da tirania,* DA BREVIDADE DA VIDA, *análise das frivolidades nas sociedades corruptas, e* SOBRE A TRANQUILIDADE DA ALMA, *que tem como assunto o problema da participação na vida pública. As* QUESTÕES NATURAIS *expõem a física estoica enquanto vinculada aos problemas éticos.*
> (Epicuro et al., 1985, p. 23, grifo do original)

Sêneca procurou, em suas obras, descrever sua concepção acerca da moralidade e, principalmente, procurou demonstrar que a filosofia, como parte de uma atividade humana, seria um remédio para os males da alma e uma forma de educar os homens no exercício das ações virtuosas. Partindo dos ideais desenvolvidos por Zenão, fundador do estoicismo, de que existe uma Razão Universal que governa o mundo e da qual somos parte, Sêneca procura caracterizar essa razão como uma espécie de deus panteísta, próprio dos estoicos, dotado de uma profunda sabedoria e sempre pronto em ordenar as coisas em nosso mundo e governá-lo:

> Sêneca é um dos expoentes da Estoá em que mais se evidenciam a oscilação em relação ao pensamento de Deus, a tendência a sair do panteísmo e as instâncias espiritualistas [...], inspiradas em acentuado sopro religioso. Na verdade, em muitas passagens, Sêneca parece perfeitamente alinhado com o dogma panteísta da Estoá: Deus é a

Providência imanente, é a Razão intrínseca que plasma a matéria, é a Natureza, é o Fado. (Reale; Antiseri, 2003, p. 326)

Além dessas características, Sêneca também adotou uma filosofia de vida que tem como fundamento a fraternidade entre os homens, atestando que essa Natureza da qual todos nós fazemos parte nos dotou dos mesmos elementos e nos criou para o mesmo fim, o qual consiste em aceitar o que a Providência destinou para nós com serenidade de espírito.

A Escola de Estoá teve ainda inúmeros outros pensadores que mereceriam uma análise detalhada por nossa parte, como é o caso de Epicteto e do Imperador Marco Aurélio. Da mesma forma, poderíamos também ter abordado diversas outras escolas que surgiram nesse período do helenismo e da formação da filosofia durante a vigência do Império Romano em todo o mundo conhecido da época, como é o caso do neoplatonismo, do pirronismo e do ecletismo.

Todavia, como nosso objetivo foi apenas apresentar, de maneira introdutória, algumas ideias do estoicismo, acabamos escolhendo Sêneca por melhor representar esse espírito estoico e servir a essa iniciação. Fica a indicação desses nomes de pensadores e de escolas filosóficas para que, uma vez iniciado e adquirido gosto pela filosofia antiga, você saiba alimentar seu espírito crítico lendo as obras dos próprios autores e demais intérpretes que foram citados aqui neste livro.

Ficamos por aqui em nossa análise, certos das limitações que encerram essa abordagem introdutória, mas também cônscios de que contribuímos para que os iniciantes na história da filosofia antiga possam ter, a partir das leituras aqui expostas, ao menos um fio condutor que possa levá-lo às concepções produzidas de maneira brilhante por estes autores.

Síntese

Vimos, neste capítulo, que as conquistas de Alexandre trouxeram inúmeras transformações sociopolíticas para as *poleis* gregas. Essas transformações trouxeram a necessidade de novos valores e fez surgir um ideal que caracterizou todo o período chamado *helenista*: o ideal **cosmopolita**. A *pólis* passou a ser, então, o centro do cosmos, do mundo: a *pólis* é o mundo! Nesse contexto, os homens buscavam uma nova identidade: surgia o indivíduo!

Percebemos que várias escolas filosóficas surgiram a partir desse contexto. Com o objetivo de repensar a busca pela felicidade, aparecem diversas formas de conduta nessas escolas, diversas filosofias de vida, que têm como principal preocupação proporcionar uma orientação às pessoas que estavam inseguras com todas as transformações ocorridas durante esse contexto e, de certa forma, produzir paz de espírito e felicidade. Vimos também que essas características são visíveis em muitos dos filósofos que surgiram no período, e destacamos as seguintes correntes: o epicurismo, o estoicismo e o cinismo.

Indicações culturais

BARROS FILHO, C. de. **Felicidade**. 10 nov. 2013. Disponível em: <https://www.youtube.com/watch?v=rgWrovpS9PE>. Acesso em: 10 set. 2015.

Nesse vídeo, o Professor Clóvis de Barros Filho aborda, de forma bem-humorada e atualizada, uma temática presente na história da filosofia de todos os tempos e que é marcante nas escolas filosóficas do período helenista: a busca de felicidade.

CORTELLA, M. S. **Qual é a tua obra**: inquietações propositivas sobre ética, liderança e gestão. Petrópolis: Vozes, 2007.

Nesse livro, Mario Sérgio Cortella discute, entre outras questões, sobre aquilo que na vida é fundamental e aquilo que é essencial. Desse modo, o fundamental funciona como uma escada para chegar ao essencial.

Questões para autoavaliação

1. Entre as transformações políticas e culturais que caracterizam a transição do período clássico para o helênico, destaca-se no campo político:

   a) a perda da importância da organização social baseada no ideal democrático, experimentada nas *poleis* gregas.

   b) a adoção do regime parlamentarista como forma de governo em todos os territórios conquistados por Alexandre.

   c) a criação de unidades administrativas fortalecidas com a presença de oficiais gregos para governar as terras dominadas.

   d) a introdução do debate público como forma de decidir os rumos das cidades gregas e territórios conquistados.

2. Quanto às principais características do pensamento e do modo de vida proposto pelos cínicos, analise as proposições a seguir:

   I. Para o cínico, o que importa é ter uma meta na vida e tudo fazer para alcançá-la.

   II. A proposta dos cínicos é que os homens não busquem os conhecimentos das ciências, mas vivam como cães.

   III. Na vida do cínico, um aspecto considerado essencial é o desprezo pelo prazer.

   IV. A conquista de riquezas é o principal objetivo de vida proposto pelos cínicos, que desprezam a si mesmos para consegui-las.

Estão corretas apenas as proposições:

a) I e II.

b) II e III.

c) I e IV.

d) III e IV.

3. No que diz respeito à filosofia epicurista e sua proposta de vida para que o ser humano alcance a felicidade, marque (V) para as proposições verdadeiras e (F) para as falsas:

( ) Para os epicuristas, a felicidade está em enfrentar a vida na *pólis*, os desafios e a correria do dia a dia.

( ) Conforme o epicurismo, é preciso buscar o prazer e evitar a perturbação da alma pela fuga da dor.

( ) A conversa filosófica entre amigos é considerada o remédio por excelência no pensamento epicurista.

( ) O temor de Deus e o temor da morte são os principais meios pelos quais o ser humano alcança a paz de espírito e a felicidade.

Agora assinale a alternativa que contém a sequência correta:

a) V – V – F – F.

b) F – V – V – F.

c) V – F – F – V.

d) F – V – F – V.

4. Quanto ao estilo de vida proposto pelos estoicos, a partir de sua filosofia, é correto afirmar que:

    a) Os estoicos acreditavam que a experiência do prazer em seu grau máximo era o principal meio para se alcançar a felicidade plena.

    b) Os estoicos propunham uma vida de austeridade física e moral, marcada pela coragem ante o sofrimento e a indiferença diante dos luxos.

    c) Segundo o estoicismo, a finalidade última da existência humana é conhecer-se a si mesmo e superar todos os limites impostos pela natureza.

    d) Para o estoicismo, é preciso abandonar a ideia de que existe um Deus ou uma Razão Universal para alcançar a verdadeira felicidade.

5. Quanto ao pensamento de Sêneca e sua compreensão no que diz respeito ao papel da filosofia na vida humana, é correto afirmar que:

    a) A filosofia é uma maneira de se afastar dos sofrimentos que o mundo nos oferece e caminhar em direção à felicidade.

    b) Para Sêneca, é por meio da filosofia que o ser humano consegue contemplar o mundo das essências verdadeiras.

    c) A filosofia é o exercício do prazer intelectual capaz de proporcionar ao ser humano a verdadeira felicidade.

    d) Além de ser um remédio para os males da alma, a filosofia é uma forma de educar os homens no exercício das ações virtuosas.

Atividades de autoaprendizagem

Questões para reflexão

1. A partir dos pressupostos epicuristas, é possível justificar o consumismo e o hedonismo de nossa sociedade hodierna? Explique.

2. Com base na leitura do capítulo, o que se entende por *ataraxia*?

3. Relacione a filosofia epicurista com o estoicismo, apontando semelhanças e diferenças.

Atividade aplicada: prática

1. Com base no conteúdo estudado neste capítulo, proponha a realização de um debate ou fórum com seus colegas de turma sobre o tema da **felicidade**. O que é realmente, para o ser humano, alcançar a felicidade?

considerações finais

Chegando ao término desta nossa iniciação à história da filosofia antiga, podemos concluir que muitas das ideias que foram trabalhadas e estudadas aqui, de maneira muito breve, merecem um aprofundamento individual por parte de cada leitor. Estes, uma vez iniciados, terão uma visão geral das principais ideias e dos principais filósofos que compõem o quadro dos grandes pensadores da Antiguidade, mas não uma visão completa acerca das produções desenvolvidas na academia.

Certos de que um estudo como esse demanda esforço e dedicação, cremos ter, ao menos, contribuído de maneira satisfatória com essa introdução, ficando as nossas referências como dicas para o nosso leitor se aprofundar cada vez mais no universo da filosofia e dar continuidade aos seus estudos de maneira criteriosa.

Assim, sugerimos que você continue suas pesquisas. Busque também as obras e os artigos produzidos pela academia, nos diversos encontros e congressos espalhados por todo o Brasil e internacionalmente, espaços por excelência para a busca de novas interpretações sobre os diversos temas que foram discutidos pelos filósofos antigos e que ainda hoje causam admiração pela perspicácia e pela sabedoria com que foram materializados – seja nos fragmentos, seja nas obras completas que chegaram até os dias atuais.

Desse modo, cabe a você, a partir de agora, dar sequência às suas investigações filosóficas da Antiguidade para compreender mais a fundo a importância desses conhecimentos que os gregos nos legaram.

referências

ANGLO VESTIBULARES. *O épico grego.* jun. 2013. Disponível
em: <http://www.anglors.com.br/wp-content/uploads/2013/
06/%C3%89PICO-GREGO.pdf>. Acesso em: 10 set. 2015.

ARANHA, M. L. de A.; MARTINS, M. H. P. *Filosofando*: introdução
à filosofia. São Paulo: Moderna, 2013.

ARANHA, M. L. de A.; MARTINS, M. H. P. *Temas de filosofia.* São
Paulo: Moderna, 2005.

ARASTEY, M. M. *Grécia, de las polis al império*. Disponível em: <https://socialesynaturalesfllopis.wordpress.com/11-el-mundo-griego>. Acesso em: 10 set. 2015.

ARISTÓTELES. *Ética a Nicômaco*. Tradução e notas de António de Castro Caeiro. São Paulo: Atlas, 2009.

ARISTÓTELES. *Ética a Nicômaco; Poética*. São Paulo: Nova Cultural, 1991. (Coleção Os Pensadores).

ARISTÓTELES. *Tópicos; Dos argumentos sofísticos*. São Paulo: Nova Cultural, 1987. (Coleção Os Pensadores).

BERNARDES, A. O. *O modelo de Filolau*. 10 out. 2014. Disponível em: <http://uenfciencia.blogspot.com.br/2014_10_01_archive.html>. Acesso em: 10 set. 2015.

BORHEIM, G. A. (Org.). *Os filósofos pré-socráticos*. São Paulo: Cultrix, 1998.

BRANDÃO, J. de S. *Mitologia grega*. Petrópolis: Vozes, 1986.

CHALITA, G. *Vivendo a filosofia*. São Paulo: Ática, 2005.

CHAUI, M. *Convite à filosofia*. São Paulo: Ática, 2000.

COC EDUCAÇÃO. *História antiga e medieval*: Antiguidade Clássica. Disponível em: <http://interna.coceducacao.com.br/ebook/pages/351.htm>. Acesso em: 10 set. 2015.

COTRIM, G. *Fundamentos de filosofia*. 2. ed. São Paulo: Saraiva, 2013.

DAVID, J.-L. *A morte de Sócrates*. 1789. 1 óleo sobre tela: color.; 129,5 × 196,2 cm. Metropolitan Museum of Art, New York.

EPICURO et al. *Antologia de textos*. 3. ed. São Paulo: Abril Cultural, 1985. (Coleção Os Pensadores).

FEITOSA, E. G.; MIRANDA, F. A. de; NEVES, W. da S. *Filosofia*: alguns de seus caminhos no Ocidente. São Paulo: Baraúna, 2014.

GÉRÔME, J.-L. *Diógenes*. 1860. 1 óleo sobre tela: color.; 74,5 cm × 101 cm. Walters Art Museum, Baltimore, MD.

HOUAISS, A.; VILLAR, M. de S. *Dicionário eletrônico Houaiss de língua portuguesa*. versão 3.0. Rio de Janeiro: Instituto Antônio Houaiss; Objetiva, 2009. 1 CD-ROM.

MARCONDES, D. *Textos básicos de filosofia*: dos pré-socráticos a Wittgenstein. 5. ed. Rio de Janeiro: J. Zahar, 2007.

MORAES, J. G. V. *História*. Curitiba: Positivo, 2013.

NIETZSCHE, F. *Sabedoria para depois de amanhã*. São Paulo: M. Fontes, 2005.

PESSOA JR., O. *A ciência grega*. Disponível em: <http://www.mini web.com.br/ciencias/Artigos/ciencia_grega/html>. Acesso em: 10 set. 2015.

PLATÃO. *A República*. 9. ed. Lisboa: Fundação Calouste Gulbenkian, 2001.

PLATÃO. *Diálogos*. 5. ed. São Paulo: Nova Cultural, 1991. (Coleção Os Pensadores).

PLATÃO; XENOFONTE; ARISTÓFANES. *Defesa de Sócrates; Ditos e feitos memoráveis de Sócrates; Apologia de Sócrates; As nuvens*. 4. ed. São Paulo: Nova Cultural, 1987. (Coleção Os Pensadores).

REALE, G.; ANTISERI, D. *História da filosofia*: filosofia pagã antiga. São Paulo: Paulus, 2003. v. 1.

SOUZA, J. C. de (Org.). *Os pré-socráticos*: fragmentos, doxografia e comentários. São Paulo: Nova Cultural, 1996. (Coleção Os Pensadores).

VICENTINO, C. *História geral e do Brasil*. 2. ed. São Paulo: Scipione, 2014.

WOOD, M. *In Search of the Troyan War*. London: British Broadcasting Corporation, 1985.

bibliografia comentada

HADOT, P. *O que é a filosofia antiga*. 2. ed. São Paulo: Loyola, 2004. Essa obra do francês Pierre Hadot tem como objetivo trazer uma descrição dos traços gerais e comuns do fenômeno histórico e espiritual que representa a filosofia antiga. O autor parte do pressuposto aristotélico de que, para conhecer as coisas, é necessário vê-las enquanto se desenvolvem e aprendê-las em seu nascimento.

A filosofia é tratada como um fenômeno histórico que teve início na Antiguidade e evolui até nossos dias.

SANTOS, F. dos. *Platão e a linguagem poética*: o prenúncio de uma distinção. Chapecó: Argos, 2008.

Nessa obra, Fausto dos Santos procura demonstrar como o combate à poesia, cuja origem é platônica, é uma característica determinante da filosofia. Assim, é no contraste com a linguagem poética que a linguagem filosófica vai delimitando seus contornos e suas regras. O *logos*, portanto, é político antes de ser metafísico.

SOUZA, J. C. de (Org.). *Os pré-socráticos*: fragmentos, doxografia e comentários. São Paulo: Nova Cultural, 1996. (Coleção Os Pensadores).

Esse volume da coleção *Os Pensadores* oferece uma seleção de textos e dados biográficos dos primeiros filósofos. A leitura é indicada, sobretudo, porque, por meio dela, podemos ter um contato direto com fragmentos dos textos daqueles que, em determinado momento da história, tiveram a ousadia de pensar diferente e começaram a fazer ciência, teoria e filosofia.

STRATHERN, P. *Sócrates em 90 minutos*. Rio de Janeiro: J. Zahar, 1998.

Esse livro de Paul Strathern faz parte da coleção *Filósofos em 90 minutos* e apresenta, com linguagem irreverente, a vida e o pensamento do criador do método maiêutico. O livro, em edição de bolso, traz na introdução uma excelente contextualização que auxilia a compreensão do pensamento do filósofo em questão. A obra, como os demais livros que fazem parte dessa coleção, é direcionada especialmente para o público jovem e busca seduzir o leitor para mergulhar no mundo da filosofia e seus personagens. É um excelente material para se iniciar no estudo dos grandes pensadores.

respostas

Capítulo 1

Atividades de autoavaliação

1. d
2. b
3. c
4. d
5. b

Atividades de autoaprendizagem

Questões para reflexão

1. Nesse período, o povo grego ainda não dispunha de uma identidade formada. Seu único ponto de referência era a língua grega. Sua formação se deu a partir da miscigenação de outros povos como os dórios, jônios, eólios e aqueus. A sociedade era agrícola (*genos*), de onde provém a expressão *comunidade gentílica*. A crise do solo e contínuas disputas por áreas mais férteis fizeram com que surgissem grupos sociais diferenciados, como os proprietários, não proprietários e comerciantes. Os representantes mais fortes desses grupos buscavam se unir para exercer um poder controlador.

2. Entre as principais condições históricas que tornaram possível o nascimento da filosofia, destacam-se: a) as grandes viagens marítimas gregas, que possibilitaram aos gregos contato com outros povos detentores de conhecimentos distintos; b) a invenção da moeda, que permitiu aos gregos o desenvolvimento de uma capacidade de abstração mental e lógica diferenciada; c) a invenção do alfabeto grego, que permitiu aos gregos elaborar definições mais claras acerca das ideias que estão por trás das coisas e que são base dos conhecimentos históricos; d) a invenção do calendário, que permitiu o desenvolvimento das capacidades de abstração e generalização por meio da compreensão das noções de tempo; e) a invenção da vida urbana e da política, que proporcionou às cidades gregas uma funcionalidade prática apoiada em ideais nunca vistos antes na história.

3. Os estudiosos que defendiam essa tese do "milagre grego" – já considerada exagerada pela comunidade acadêmica – procuravam demonstrar que a filosofia foi um acontecimento sem igual na história, ou seja, algo próprio de um milagre. Nessa perspectiva, os gregos seriam

um povo excepcional, os únicos capazes de criar a filosofia e as ciências, bem como de dar um sentido totalmente original às artes.

Capítulo 2

Atividades de autoavaliação

1. c
2. d
3. c
4. b
5. c

Atividades de autoaprendizagem

Questões para reflexão

1. O termo *arché* designa, nesse contexto, o elemento primordial, que é imperecível e eterno e dá origem a seres perecíveis e mortais. Trata-se da substância primordial que está presente e é a causa das demais coisas que existem. Nesse sentido, tem uma relação direta como o período chamado *cosmológico*, pois nesse momento a preocupação dos primeiros filósofos consistia em descobrir essa matéria primordial, esse princípio originador.

2. O ideal educacional assumiu, nesse momento, características de cunho ético-político. Foi preciso formar o cidadão capaz de discursar e defender suas ideias e, consequentemente, participar e interferir na organização da *pólis*. A virtude da excelência e da superioridade, própria dos aristocratas, foi substituída pela virtude cívica.

3. O principal pensador do período sistemático período foi Aristóteles, discípulo de Platão. O pensador estagirita elaborou uma verdadeira classificação dos conhecimentos produzidos por seus

predecessores e demonstrou que a filosofia deveria não apenas contemplar todos os conhecimentos possíveis, mas também distinguir as formas de conhecê-los, desde as mais simples até as mais complexas. O filósofo criou a lógica e deixou claro que, antes de buscarmos conhecer um objeto específico, devemos compreender o funcionamento das leis gerais que regem o pensamento.

Capítulo 3

Atividades de autoavaliação

1. b
2. b
3. d
4. a
5. c

Atividades de autoaprendizagem

Questões para reflexão

1. É pelo fato de buscarem um princípio originador, uma substância presente na natureza, que fosse a causa de tudo o que existe. Assim, por exemplo, Tales de Mileto acreditava que essa substância primordial era a água.

2. É por meio da observação que Tales constatava que uma planta sem o elemento básico que a nutre e a umidifica – ou seja, sem água – morre em poucos dias. Da mesma forma, os animais (e até mesmo os seres humanos), quando morrem, secam totalmente. Com efeito, a água é o que dá origem à vida e, consequentemente, a água é a fonte que origina todas as coisas que existem no universo.

3. Parmênides provocou uma revolução na cosmologia de sua época, pois ele a transformou em uma ontologia, ou seja, em uma teoria do ser. O que o filósofo procurou esclarecer é que a substância primordial não pode ser e não ser ao mesmo tempo. Com isso, o pensador estabeleceu a tese do ser estático. Assim, o ser é e não pode não ser, e o não ser não é e não pode ser. Enfim, o princípio originador precisa ser algo que permanece, que não se modifica.

Capítulo 4

Atividades de autoavaliação

1. c
2. a
3. b
4. d
5. b

Atividades de autoaprendizagem

Questões para reflexão

1. Os sofistas tiveram um papel importante para a formação da juventude grega. Com esses pensadores, a *areté* (virtude) aristocrática, na qual o bom era o forte, cedeu espaço a uma virtude do cidadão, que garantia o direito de participar dos debates políticos a todos os homens livres. Eles também elaboram uma nova forma de *paideia* (educação), capaz de superar os ideais aristocráticos, na qual a retórica desempenharia um papel central na formação do povo grego. Trabalhavam como professores viajantes, mestres da Retórica, Gramática e Dialética, desempenhando um papel fundamental na sistematização desses conhecimentos. Cobravam por seu ensino e não tinham morada fixa. Sobretudo pelo

fato de recolherem contribuições por seus ensinamentos, os sofistas receberam sérias críticas de Sócrates e de seus discípulos. Os sofistas também foram acusados de proferirem discursos superficiais, nos quais transmitiam a seus discípulos todo um jogo de palavras, raciocínios e concepções úteis em um debate para driblar as teses dos adversários e convencer as pessoas.

2.   A busca pela compreensão da essência do homem foi permanente na vida de Sócrates. O mestre da maiêutica concluiu que o homem é aquilo que a sua alma abriga, a razão, a consciência moral e a consciência intelectual. O homem é um ser dotado de razão, capacidade que o distingue dos outros seres. Em uma expressão, o homem é a sua alma. Por isso, a frase "conhece-te a ti mesmo" é fundamental na filosofia socrática. De acordo com o mestre de Platão, para escapar do relativismo propagado sobretudo pelos sofistas, é preciso buscar o autoconhecimento. É preciso conhecer aquilo que se é.

3.   A expressão diz respeito à consciência da ignorância. Para Sócrates, a sabedoria não está em saber tudo, mas sim em saber que nada se sabe, ou, melhor dizendo, conhecer a própria ignorância. Assim, a consciência de sua própria ignorância é o que o torna sábio. Trata-se do início do autoconhecimento. Dessa consciência de sua ignorância, Sócrates também intui sua missão, que é a de despertar seus concidadãos para a conhecimento da própria ignorância, para o autoconhecimento.

Capítulo 5

Atividades de autoavaliação

1.   b

2.   c

3.   c

4. b

5. a

6. a

Atividades de autoaprendizagem

Questões para reflexão

1. De acordo com essa teoria, existem duas realidades distintas: o mundo material e o mundo ideal. O mundo que vemos é apenas uma cópia imperfeita do mundo verdadeiro, que é o mundo das ideias. Assim, por exemplo, a ideia de cachorro é perfeita e nunca muda, mas a sua apresentação no mundo sensível é sempre aparente e mutável, pois constitui uma cópia imperfeita do mundo das ideias. Então, o ideal de felicidade para o homem está na contemplação do mundo das ideias.

2. A verdadeira justiça social, de acordo com Platão, está no fato de cada cidadão cumprir a função à qual naturalmente sua alma o predispõe. Para que essa organização seja colocada em prática, Platão percebia que eram necessárias reformas sociais radicais. Assim, não deveria haver distinção de classes de nenhum tipo e as mulheres deveriam entrar no mesmo processo que os homens, inclusive participar dos combates e caças.

3. Segundo a teoria política de Platão, os filósofos são o grupo de pessoas em que há predominância da alma racional. Decorre daí o nome da teoria política de Platão: *teoria do governante filósofo* ou *teoria do filósofo-rei*. Esse filósofo-rei seria, então, o responsável por manter o equilíbrio da cidade, o único capaz de conhecer a verdade das coisas e compreender a ideia de justiça e criar leis justas que conduzam todos os cidadãos à felicidade verdadeira.

Capítulo 6

Atividades de autoavaliação

1. c
2. c
3. b
4. a
5. a

Atividades de autoaprendizagem

Questões para reflexão

1. Enquanto Platão partia das ideias para conhecer a verdade das coisas, Aristóteles partia da realidade sensível, das experiências sensoriais empíricas. Enquanto Platão fazia uso da dialética, Aristóteles utilizava a lógica para chegar ao conhecimento verdadeiramente científico e universal. Enquanto Platão ainda fazia uso de uma linguagem mitológica, Aristóteles aplicava um maior rigor lógico científico filosófico em seus escritos. Enquanto Platão enfatizava estudos de matemática, Aristóteles passou a dar mais atenção às ciências naturais. Enquanto Platão utilizava o método dialético como instrumento, Aristóteles elaborou um método sistemático, que tinha na indução e na lógica os principais pressupostos para alcançar um conhecimento seguro.

2. Para Aristóteles, o mundo material, sensível, é o mundo do devir, no qual existe uma constante transformação dos seres, segundo sua própria natureza. Ao se perguntar sobre o que causa essa transformação, Aristóteles definiu que existem, pelo menos, quatro causas principais dos seres: causa material (a matéria que constitui cada coisa), causa formal (a forma da coisa), causa eficiente (o agente que faz a coisa) e a causa final (a finalidade, o objetivo para o qual a coisa foi feita).

3. Essa tese é fundamental na filosofia de Aristóteles porque compreende e fundamenta sua metafísica, e esta, com todo o seu conjunto de suas ideias sobre ato e potência, substância e acidente, matéria e forma, também servirá de base para suas outras teorias, incluindo as teorias ética e política. Assim, sem o "motor imóvel", toda a construção de explicações proposta por Aristóteles careceria de um fundamento último.

Capítulo 7

Atividades de autoavaliação

1. a
2. b
3. b
4. b
5. d

Atividades de autoaprendizagem

Questões para reflexão

1. A resposta é negativa, pois, como vimos, a ideia de que os prazeres devem ser dosados, ou seja, bem administrados, leva-nos a compreender que a filosofia hedonista de Epicuro não nos permite justificar uma busca descontrolada pelos prazeres, como vemos na atualidade. Esse tipo de hedonismo (o das drogas, por exemplo) gera sofrimento e angústia, ideias que passam longe do ideal epicurista.

2. *Ataraxia* é um estado de espírito caracterizado pela imperturbabilidade da alma (ausência de dor). Para alcançá-lo, é necessário dominar os prazeres da paixão e valorizar os prazeres do intelecto. Segundo Epicuro, existem quarto *pharmaka* (drogas ou remédios) que ajudam

o ser humano na busca pelo estado de ataraxia: 1) não temer a morte; 2) não temer os deuses; 3) a felicidade é possível por meio da busca pelo prazer; 4) é possível suportar a dor buscando o prazer.

3. As duas escolas tinham os mesmos objetivos e a mesma fé materialista. Assim, são filosofias que se movem no mesmo plano de negação da transcendência e, portanto, não podemos dizer que se movem em planos opostos. No entanto, enquanto o epicurismo pregava a busca do prazer para se alcançar a serenidade de espírito, o estoicismo propunha a busca pelo dever como o melhor caminho para a felicidade. Também é preciso ressaltarmos que, no estoicismo, em contraposição ao epicurismo, eram admitidas discussões críticas em torno dos dogmas do fundador da escola, que levavam ao aprofundamento, a revisões e a reformulações dos fundamentos estoicistas.

sobre os autores

Antonio Djalma Braga Junior é filósofo e historiador, mestre e doutor em Filosofia, especialista em Filosofia da Educação (2011), especialista em Estética e Filosofia da arte, todos pela Universidade Federal do Paraná (UFPR) (2010), licenciado em Filosofia pela Faculdade Bagozzi (2007) e em História pela Universidade Metropolitana de Santos (Unimes, 2013). Atualmente, é professor das escolas de Direito e de Engenharias do Centro Universitário Unibrasil. Tem experiência nas áreas de filosofia, história, sociologia e direito, com ênfase em ética, política, filosofia da arte, história da filosofia antiga, filosofia da educação e filosofia do direito.

Luís Fernando Lopes é doutorando em Educação, mestre em Educação, com bolsa do CNPq, ambos pela Universidade Tuiuti do Paraná (UTP) (2011). É especialista em Tutoria EaD (2009) e em formação de Docentes e orientadores acadêmicos em EaD, ambos pelo Centro Universitário Uninter (2010). É coordenador do curso de licenciatura em Filosofia do Centro Universitário Internacional Uninter, no qual também atua como professor em cursos de graduação e pós-graduação. É licenciado em Filosofia pela Faculdade Bagozzi (2011) e bacharel em Teologia pela Pontifícia Universidade Católica do Paraná (PUCPR, 2008).

SANZIO, R. *A Escola de Atenas (Scuola di Atene)*.
1509-1510. 500 cm × 770 cm; color.
Stanza della Segnatura, Palácio Apostólico:
Cidade do Vaticano.

Impressão:
Maio/2024